Gotthilf Heinrich von Schubert

Christian Friedrich Schwartz, der Sendbote des Evangeliums

in Indien

Gotthilf Heinrich von Schubert

Christian Friedrich Schwartz, der Sendbote des Evangeliums in Indien

ISBN/EAN: 9783743659759

Hergestellt in Europa, USA, Kanada, Australien, Japan

Cover: Foto ©ninafisch / pixelio.de

Weitere Bücher finden Sie auf **www.hansebooks.com**

Christian Friedrich Schwartz

der Sendbote des Evangeliums

in Indien.

Von

Dr. Gotthilf Heinrich von Schubert.

Aus dem zweiten Bande der „vermischten Schriften" besonders abgedruckt.

Erlangen, 1860.

Verlag von J. J. Palm und Ernst Enke.

(Adolph Enke.)

Seinem theuren Freunde,

dem Herrn

Dr. Friedrich Ahlfeld,

Pastor zu St. Nikolai in Leipzig,

der Verfasser.

Inhalt.

Kap.		Seite
1.	Der Verlobte	1
2.	Der rechte Anfang	3
3.	Die Freunde in der Noth	11
4.	Als die Armen, welche doch Viele reich machen	19
5.	Die Amtsgewalt eines Sendboten an die Heiden	32
6.	Der Freie unter den Sklaven	44
7.	Der Fels in Ungewittern	52
8.	Ein Weg voll Gefahren	59
9.	Das Bestellen des Hauses	71
10.	Das Ende	82

1. Der Verlobte.

Als die Mutter des nachmaligen so hochgesegneten Sendboten des Evangeliums an die Heiden, des Chr. Fr. Schwartz, ihrem Ende sich nahe fühlte, da machte sie sich stark im Geist. Mit feierlichem Ernst und Ausdruck der Stimme wendete sie sich an den trauernden Gemahl und an den frommen Beichtvater, der an ihrem Sterbebette stand, und erklärte ihnen, daß sie ihren Sohn, der (geboren im Jahre 1726) damals noch ein zartes Kind war, schon im Mutterleibe dem Herrn zu Seinem Dienste verlobt und geweiht habe. Da gaben die Beiden der Sterbenden das Versprechen, daß sie, so weit dies in ihren Kräften stehe, dieses dem Herrn verlobte Kind zur Ehre Gottes und zum Bekenntnisse des Heiles in Christo erziehen, und wenn dasselbe hierzu berufen sey, ihm zur Erlangung des evangelischen Predigeramtes förderlich seyn wollten.

Aber noch ein Höherer, als die Menschen sind, Gott selber hatte als treuer Zeuge die Gebete der Mutter für ihr noch ungeborenes Kind, so wie den letzten Segenswunsch ihrer sterbenden Lippen gehört und erhört, obgleich Sein Rath auf längere Zeit hin ein verborgener blieb. Denn das Kind der frommen Mutter war im Heranreifen zum Jüngling ein Kind der Welt geworden, dessen äußerlicher Wandel zwar vor der Welt unsträflich, dessen Herzensgesinnung aber in Gottes Augen eine verkehrte war. Dennoch war der goldene Faden des göttlichen Gnadenzuges in seiner Seele nicht zerrissen, durch diesen wurde er in seinem 20. Jahre 1746 nach Halle, zum Studium der Theologie geführt, und dem August Hermann Francke in herzlicher Liebe zugethan. Im Jahre 1749 erfuhr er, daß Francke im Kreise der Studirenden nach neuen Missionarien für Indien sich umsehe, und obgleich der leise Gedanke an einen solchen Lebensberuf nur erst kurz zuvor in seiner Seele wach geworden war, entschloß er sich dennoch sogleich, sich für jenes große Werk anzubieten, wenn er die Erlaubniß seines Vaters dazu erhalten könne.

In der Absicht, diese Erlaubniß sich zu erbitten, reiste er in die Heimath. Hier aber im Vaterhause hielten es alle die anderen Mitglieder der Familie im Voraus für unwahrscheinlich, ja für unmöglich, daß ihm der Vater seine Einwilligung geben werde. Der Vater, ein unwandelbar treuer Freund aller göttlichen wie gesetzmäßig menschlichen Ordnung, werde sich die längst fest beschlossenen Pläne seiner Familienordnung durch ein Hinwegscheiden seines Sohnes aus dem Vaterlande und Familienbande nicht zerstören lassen. Demohngeachtet trug der junge Schwartz mit feierlichem Ernste dem Vater seinen Wunsch nebst den Beweggründen vor, welche ihn zur Ausführung desselben bestimmten, und dieser, statt, wie man erwartete, die Anfrage alsbald von sich abzuweisen, verlangte nur einige Tage Bedenkzeit, und bestimmte seinem Sohne die Stunde, in welcher er ihm seinen Entschluß über diesen wichtigen Gegenstand mittheilen werde. Der entscheidungsvolle Tag kam, und mit allgemeiner Begierde wartete die Familie auf die Entscheidung. Der junge Missionscandidat aber blickte nicht der Einwilligung, wohl aber der Versagung seiner Bitte ängstlich entgegen. Endlich kam der Vater von seiner oberen Arbeitsstube herab, gab dem Sohne seinen Segen, „und hieß ihn in Gottes Namen ziehen, indem er ihn aufforderte, sein Vaterland und seines Vaters

Hauses zu vergessen, und hinzugehen, um Seelen für Christum zu gewinnen."

Freudig folgte jetzt der Jüngling seinem inneren Berufe und nach wohlbestandener Prüfung und Empfang der geistlichen Weihe vom Bischof zu Seeland trat er am 12. März seine Reise nach Indien an.

2. Der rechte Anfang.

Das nächtliche Dunkel war schon eingetreten, als sich das Schiff, welches Schwarz mit seinen beiden Missionsbrüdern Polzenhagen und Hüttenmann hieher geführt, der Küste von Coromandel genaht hatte. Am Morgen darauf lag das Küstenland von Indien in seiner ganzen Herrlichkeit vor ihren Augen; Cubbalore ihnen gerade gegenüber. Daselbst hatte damals der Missionär Kiernander seine Station, unter seinem Dache fanden die drei neuen Ankömmlinge ihre Wohnung. Schon am 24. Juli kam ihnen auch der Missionär Wiederbroek, als damaliger Senior der dänischen Mission, nach Cubbalore entgegen, um sie an den Ort ihrer nächsten Bestimmung: nach Tranquebar, abzuholen. Wo konnte der Empfang herzinniger und liebevoller seyn, als hier, bei den noch übrigen, lebenden Brüdern! Jeder von diesen wollte den werthen Gästen ein Gajus sein, Kohlhoff aber drang voran, an seinem Tische mußten sie ihr tägliches Brod brechen; an seiner Hand führte er sie auf ihr nunmehriges gemeinsames Arbeitsfeld zu der kleinen Gemeinde der Eingeborenen des Landes, denen Gott das Herz zum Verlangen nach der Botschaft des Heiles in Christo aufgethan hatte. Wie lieblich lautete ihnen da die Sprache des Volkes, aus dem Munde selbst der jungen Kinder, wenn sie den Namen und das

Lob ihres Heilandes sprachen; das Herz unseres **Schwarz** brannte in ihm vor Verlangen, mit diesen Kleinen zu reden von der Liebe zu seinem und ihrem Herrn und Gott. Aber hier stand er noch an einer ihm verschlossenen Pforte, an welcher es galt, ohne Aufhören und mit sehnlichem Ernste anzuklopfen.

An einen Freund, der ihm während seiner Studienzeit in Halle viele Wohlthaten erwiesen hatte, schrieb er hierüber: „Auf unserer Seereise dachte ich öfters: in Halle habe ich drei Monate lang tamulisch gelernt und nur geringe Fortschritte darin gemacht, wie viel Zeit wird dazu erforderlich seyn, um diese Sprache auch nur so weit zu lernen, daß ich mich verständlich in derselben ausdrücken kann!"

Aber wie kam es nun, daß ihm auf einmal der Mund aufgethan, die Zunge beweglich wurde zu dem Hauptwerke seines neuen, großen Berufes? Er hatte den geradesten und nächsten Weg zum Besitze und Gebrauche der ihm nöthigen Gabe gefunden: er ließ Den für sich reden, welcher von Jugend auf in seinem Herzen Wohnung genommen hatte: den Geist, den lebendigen Odem aus Gott, der dem Menschen die Sprache gegeben hat. In der Kraft dieses Geistes, welche er durch Anhalten im kindlichen Gebete im Herzen hatte, wagte er es, vor seiner Gemeinde in tamulischer Sprache zu predigen und zu beten, und von nun an war ihm der Weg der mündlichen Ansprache zu den Herzen der Tamulen gebahnt.

Er hatte hierzu auch noch andere menschliche Lehrer, die ihn weiter förderten als die gelehrten Meister in Halle. Das waren die kleinsten Kinder in der tamulischen Christenschule. Alle, welche den ehrwürdigen Missionär **Schwarz** näher kennen lernten, wissen es, daß Niemand besser als

2. Der rechte Anfang.

er mit kleinen Kindern, so, als wäre er selber ein Kind, zu reden wußte. Er hat diese kindertrauliche Weise bis in sein Greisenalter sich erhalten, so wie zugleich den beständigen Umgang mit dem Geiste, welcher uns als Kinder zu Gott unserem Vater im Himmel sprechen lehrt. Denn, obgleich in seinem Greisenalter sein Gedächtniß für das Wissen der Welt schwächer geworden war, was man bei gewöhnlichen Unterhaltungen wohl bemerken konnte, so zeigte sich doch bis zu seinem Ende der Geist der Kindschaft in ihm in unverändert kräftiger Weise. Er konnte so brünstig beten, trösten, von Christo zeugen und Andere vermahnen so wie über das Eine, das Noth thut, belehren, als jemals sonst, ja diese Kraft schien bei ihm mit dem allmähligen Ersterben des Leibes noch zu wachsen.

Von besonderem Segen scheint ihm in der Zeit des Anfanges seines Missionswerkes ein tägliches Verweilen in jenem innersten Heiligthume des christlichen Priesterthumes gewesen zu seyn, welches dem Sakramente der Taufe geweiht ist. Wie der Mensch ohne sein eigenes Zuthun bei seiner Geburt die Gabe des leiblich sterblichen Lebens empfängt, so wird ihm durch die Taufe die Gabe eines ewigen Lebens zu Theil. Denn da wird er nicht vom Fleische in das Fleisch, sondern aus dem Geiste neu gezeugt und geboren. Schon in dem nächsten Frühlinge nach seiner Ankunft in Tranquebar wurde dem jungen Missionär der Vorbereitungsunterricht der Neubekehrten zu dem Empfange der Taufe anvertraut. Nach Vollendung jenes Unterrichts durfte er diese ihm theueren Seelen in den Bund der Taufe aufnehmen. Und diesen Segen des priesterlichen Amtes genoß er im Frühlinge und Sommer des Jahres 1751 zweimal, denn schon zehn Tage nach der Taufe der ersten Abtheilung der Neubekehrten ward ihm die Vorbe=

2. Der rechte Anfang.

reitung einer zweiten Abtheilung derselben zur Taufe übergeben.

Das Ziel, nach welchem er bei seiner Bekehrung der Heiden am meisten hinarbeitete, war nicht allein die Erkenntniß des Heiles, sondern die Erweisung dieser Erkenntniß durch die That des Lebens. Christus hat uns ein Vorbild des Wandels in dem neuen Leben der Wiedergeburt, das aus Gott ist, gelassen, dieses Vorbild soll sein Geist in uns erwecken und gestalten. Christi Bild in uns und in unseren wahrhaft zu Ihm Bekehrten, das ist der rechte, kräftige Glaubensprediger für die noch unbekehrten Heiden.

Beispiele, welche dem seligen Schwartz zu seiner großen Freude diese Wahrheit bestätigten, gaben ihm seine Neubekehrten und in Christi Tod Getauften nicht wenige. Ein Hindu kam mit seinem Weibe, um sich in den Lehren des Christenthums unterrichten zu lassen. Zu diesem Entschlusse hatte beide die Sanftmuth und Demuth geführt, in welcher die Mutter des Mannes, welche eine Gläubige der Gemeinde war, ihre bitteren Schmähungen erduldet hatte. Als Schwartz diese Mutter besuchte, sagte sie zu ihm: sie bete Tag und Nacht und setze ihr Vertrauen auf Gott allein. Dieser ihr himmlischer Vater versehe sie immer mit Arbeit und sie sey wohl zufrieden, wenn sie nur einige Kräuter auf dem Felde zu ihrem Lebensunterhalte zusammenlesen könne. — Während der damaligen allgemeinen Theuerung, welche das Schließen der Kornmagazine zur Folge hatte, sagte eine andere Eingeborene aus der Christengemeinde: ich habe nur einen Fanom (eine der kleinsten Geldmünzen), konnte aber keinen Reis dafür erhalten; nun bleibt mir für heute keine andere leibliche Nahrung als Wasser; aber ich habe eine geistliche Speise und diese erquickt mein Herz. — Eine andere dieser armen

2. Der rechte Anfang.

Christinnen erwiderte auf die Ermahnung, sie solle nicht zu ängstlich für den Leib sorgen, mit großer Freudigkeit: „Der den Baum gepflanzt hat, sollte ihm der nicht auch Wasser geben? Ich weiß, Gott verläßt uns nicht, wir mögen leben oder sterben."

Für alle Christen, deren Liebe zu ihrem Herrn eine Liebe in der That und Wahrheit war, mußte es eine große Beschämung und ein tiefer Schmerz seyn, wenn sie sahen, welche Schande ihre Landsleute, die europäischen Christen, die hier in Indien wohnten, dem Christennamen durch ihren ärgerlichen Wandel machten. Wie schwer mußte es seyn, daß die armen Heiden, wenn sie die täglichen Aergernisse sahen, welche die sogenannten Christen ihnen gaben, eine Lehre achten lernten, deren Anhänger ihre tiefste Verachtung verdienten? Schwartz mußte zu seiner großen Demüthigung diesen Vorwurf oft aus dem Munde des eingeborenen Volkes hören. Eines Tages begegnete er einem heidnischen Tanzmeister, der ein junges Mädchen mit sich führte, und sagte ihnen, daß kein Unheiliger in das Himmelreich kommen werde. „Ach, mein Herr," so erwiderte ihm das arme Mädchen, „dann wird wohl kaum ein einziger Europäer dahin gelangen." — Ein wohlhabender, alter Hindu=Kaufmann, welcher dänisch, englisch und französisch verstand, sagte zu ihm: „Mein Herr! zürnen Sie nicht; sprechen alle Europäer so wie Sie?" Schwartz antwortete ihm: nicht alle Europäer seyen wahre Christen, doch gebe es unter ihnen Solche, die es wirklich seyen, und die mit aufrichtigem Herzen für die Hindu beten, daß sie mit Jesu Christo bekannt werden möchten. — „Sie setzen mich in Verwunderung," erwiderte der Heide; „denn aus Allem, was ich täglich zu sehen und zu erfahren Gelegenheit habe, muß ich schließen: die Europäer seyen, mit wenig Aus=

2. Der rechte Anfang.

nahmen, eigennützige, unenthaltsame, stolze Leute, voll unerträglicher Verachtung und Vorurtheile gegen uns Hindu's, und selbst gegen ihre eigene Religion feindselig gesinnt, was besonders bei den vornehmen Ständen unter ihnen der Fall scheint." — Schwartz konnte bei solchen Aeußerungen der Tamulen, die er vielmals anhören mußte, und nach dem, was er selbst an seinen Landsleuten sahe, nichts Anderes thun, als demüthig schweigen, zugleich aber in freudigem Vertrauen sich auf die Thaten Dessen berufen, Der in den Herzen Seiner begnadigten Sünder das Werk der Heiligung anfängt, fortführt und vollendet.

Doch gewann die Sache des Christenthums selbst in den Augen der ungläubigen Menge einen besseren, ehrenden Anschein, als im Jahre 1753 die dänische Regierung einen Mann zum Gouverneur in Tranquebar ernannte, welcher in seiner früheren Stellung als Kapitän der Flotte den Gedanken an das Ende wohl kennen und täglich üben gelernt hatte. Diesem lag die Förderung des Christenthums bei jeder Gelegenheit am Herzen. Er bezeugte dieses alsbald durch mannichfache Thaten der Christenliebe. So hatte eine heidnische Mutter ihr Mädchen als Tänzerin an eine benachbarte Pagode verkauft. Als aber nicht lange nachher diese Mutter dem Heidenthume entsagte und Christin wurde, da ward es ihr ein ernstliches Anliegen, daß sie ihr armes Kind aus den schändlichen Fesseln des Sündendienstes befreien möchte. Ihre Mittel reichten aber nicht dazu hin, um das Kind wieder auszulösen. Da kaufte dasselbe der dänische Gouverneur mit einer ansehnlichen Summe, gab es in eine Missionsschule und bezahlte die Kosten der Erziehung. Später wurde diese Tochter getauft und trat nachmals in die Ehe mit einem sehr achtbaren tamulischen Christen.

2. Der rechte Anfang.

Schwarz, von da an, wo er als 24jähriger Jüngling nach Indien kam, bis in sein späteres Alter, benützte jeden Tag und jede Stunde, welche ihm die angelegentlichen Bemühungen in seinem Lehrerberufe zu Tranquebar frei ließen, um in der Nähe wie in weiterer Ferne das heidnische Landvolk in seinen Hütten oder in seinen täglichen Geschäften aufzusuchen. Hier gelang es ihm oft, daß er mit seiner kindlich freundlichen Zusprache nicht nur in die Wohnungen, sondern in die Herzen willigen Eingang fand und den armen Fischern am Wasser ein reichere Gabe mittheilen durfte, als ihnen ihre Netze boten. Wenn er dann, etwa nach einer mehrtägigen kleinen Missionsreise wieder in die Stadt kam, und ihn seine tamulischen Schulkinder mit dem Liede: „Nun lob' meine Seele den Herrn" empfingen, das sie, in ihre Sprache übersetzt, nach seiner bekannten, schweren Melodie hatten singen gelernt, da gingen auch ihm in tiefer Demuth und Freude der innigen Liebe Herz und Mund zum Lobe und Preise seines Herrn auf.

Wie kindlich und zugleich wie gewaltig die Gebete dieses Mannes waren, das kann man noch jetzt im schwachen Nachhalle aus jenen Berichten erkennen, die wir von dem Inhalte seiner Gebete, im Kreise der Brüder haben. So aus jenem, der uns von dem Gebete aufbehalten ist, mit welchem Schwarz, der Jüngling, eine Versammlung der Missionäre zu Cuddalore schloß. „Möge Gott", dieses bat er unter Anderem, „sie alle davor bewahren, daß sie sich bei irgend einem ihrer Schritte im Missionsleben auf ihre eigene Weisheit und Kraft verließen, sondern daß sie immer ausziehen möchten in ihres Herrn Stärke und ihr Tagwerk schaffen in Seinem Lichte, im beständigen Aufblicke auf ihn." Nach Vollendung dieses Gebetes schlossen

2. Der rechte Anfang.

die versammelten Missionsbrüder einen Bund vor dem Angesichte des Herrn, daß sie Sein ganzes Eigenthum seyn und bleiben, Ihm von ganzem Herzen dienen und mit erneuter Kraft den armen Heiden um sie her das Evangelium verkündigen wollten. — "Der Herr hat jetzt gehört", so sagte Schwartz zu den Brüdern, was wir vor ihm gesprochen haben: möge Er uns Licht und Leben, Kraft und Gedeihen dazu verleihen."

Aus einem Briefe, den Schwartz am 10. Oct. 1753 an Professor Francke (den Sohn des August Hermann) in Halle schrieb, entnehmen wir die nachstehende Stelle:

"Die Noth der Christengemeinde und die Gefühllosigkeit der meisten Heiden gegen das Wort Gottes erfüllt meine Seele oft mit bitterem Schmerze, weil ich in den Wegen der Wahrheit noch nicht genug erfahren bin; indessen strebe ich darnach, so viel mir der Geist Jesu Christi Kraft dazu verleiht, meine Bürde auf Den zu werfen, der da mächtig ist, zu helfen, und sich gerne gnädig zu uns herabläßt, damit wir nicht in unserer Noth untergehen. Die Worte des Propheten, welche dem kommenden Messias in den Mund gelegt werden, schweben häufig meiner Seele vor: ""ich aber dachte, ich arbeitete vergeblich, und brächte meine Kraft umsonst und unnütz hin, wiewohl meine Sache des Herrn, und mein Amt meines Gottes ist"" (Esaj. 49, 4). Auch gewährt mir die unermüdete Geduld und Gnade, womit Gott an meiner Seele arbeitet, einen hohen Trost, indem Er in meinem Innern immer zu mir spricht: ""Gehe noch einmal zu ihnen hin und verkündige Beiden, den Christen wie den Heiden, das Wort vom ewigen Heile; denn du warst weiland auch unweise, ungehorsam, irrig, dienend den Begierden und mancherlei Wollüsten, und hast in diesem verderbten Zustande Zorn und Ungnade verdient; aber Gott hat sich deiner um Christi willen erbarmet und viele Jahre auf deine Bekehrung gewartet; darum lerne du nun auch in Geduld auf die Bekehrung anderer Menschenseelen warten."" Nun, mein Herz und Sinn, meine Begierden und Gedanken, meine Pläne und mein eigener Wille sollen ganz und gar dem Willen meines himmlischen Vaters hingegeben seyn: nicht mein Wille, sondern Dein Wille geschehe, daß nur Dein Reich komme, auch in Indien, zu mir und zu allen anderen Menschen, welche auf der Erde leben." — —

Uebrigens meldet Schwartz in diesem Briefe mit inniglicher Freude auch die Ankunft des neuen Missionsbruders Peter Dame in Tranquebar, mit welchem gleich von der ersten Bekanntschaft an sein Herz jenen Bund der Liebe schloß, welcher später für Beide, in Zeiten mancher Noth und Bedrängniß, ein Quell des Trostes und der Freude wurde. Dieser neue Gewinn an hülfreichen Kräften für das Werk der Mission traf der Zeit nach nahe mit einem schmerzlichen Verluste, namentlich für Schwartz, zusammen. Sein lieber Begleiter aus Europa hieher, sein treuer Arbeitsgenosse Poltzenhagen erhielt den Auftrag, eine kleine Gesellschaft von Kolonisten auf die dänischen Nikobar-Inseln zu begleiten, und fand hier als das erste unter vielen ihm nachfolgenden Opfern nach kurzem Aufenthalte sein Grab. —

3. Die Freunde in der Noth.

Schon die dänisch-lutherische Mission zu Tranquebar war durch den Missionär Worm mit den Vertretern des holländischen Missionswerkes in Negapatam in freundbrüderlichen Verkehr gekommen. Dieses christbrüderliche Einverständniß der Verkündiger des Evangeliums von beiden Seiten wurde in den Zeiten der großen Drangsale und Gefahren, welche jetzt, namentlich über die evangelischen Christen in Indien, kamen, fortwährend ein noch viel innigeres und festeres. Es war ein gemeinsamer, Verderben drohender Feind, welchem sie jetzt mit ihrer eigenen Person, so wie mit dem Werke ihrer Mission, gegenüber zu stehen hatten. Ehe wir von diesen, damals nahe kommenden Gefahren reden, erwähnen wir zuvörderst des bereitwilligen Entgegenkommens der Holländer zu jedem Dienste, welchen sie den lutherischen Missionären zu leisten vermochten.

Früher im Jahre 1758 machte Schwartz in Begleitung seines Mitarbeiters Kohlhoff eine Reise nach Negapatam, einer Seestadt, welche etwa in 8 Stunden Entfernung südwärts von Tranquebar liegt. Der dortige holländische Gouverneur nahm diese Gäste liebevoll auf, und freute sich darüber, daß sie das Evangelium in portugiesischer und tamulischer Sprache dem Volke in der Stadt verkündigten, so wie den in Negapatam verweilenden Deutschen Predigten und Gottesdienste in ihrer vaterländischen Sprache hielten, wornach dieselben großes Verlangen trugen. Nicht nur hier, sondern auch anderwärts in Indien machten unsere Missionäre die Erfahrung, daß sie auf holländischem Gebiete vorherrschend eine viel günstigere Aufnahme fanden als auf brittischem oder dänischem Gebiete. Denn die holländischen Staatsbeamten, nach der weltbürgerlich-duldsamen Verfassung und Gesinnung ihres Landes erkannten an den Bewohnern ihrer außereuropäischen Besitzungen eine mitbürgerliche Stellung an, und wenn dieselben zum Christenglauben sich bekehrten, dann schenkten sie denselben ein noch größeres Vertrauen, während man

3. Die Freunde in der Noth.

anderwärts jene mit Verachtung, diese mit Mißtrauen behandelte. Daher nahmen die einflußreicheren Freunde der beiden Missionäre in Negapatam die Ermahnungen mit willigem Herzen auf, daß sie der Förderung des Reiches Christi in dem Heidenlande, darin sie lebten, eifriger gedenken möchten, weil sie sonst eine schwere Schuld und Verantwortlichkeit vor Gottes Gericht auf sich häufen würden. Der Gouverneur versicherte sie seiner Bereitwilligkeit, dieser Ermahnung zu folgen, und gab das Versprechen, daß er gleich nach der erwarteten Rückkehr ihres Regierungskaplanes eine eigene Kirche zum Gebrauche der bekehrten Hindus in der Stadt wolle aufrichten lassen. Und in weniger als Jahresfrist hat er auch dieses Versprechen erfüllt; die beiden Missionäre aus Tranquebar wohnten der Einweihung der Kirche bei. —

Indeß war zwischen den Franzosen und Engländern jener Krieg ausgebrochen, dessen Erschütterungen in den außereuropäischen Besitzungen beider Nationen fast noch merklicher waren als in Europa selber. Da die Franzosen in den Jahren 1756 bis 58 in einigen ihrer Kriegsunternehmungen glücklich gewesen waren, gaben sie sich der Hoffnung hin, daß bald der größere Theil von Indien unter ihre Herrschaft kommen werde. Die römisch-katholischen Priester erblickten hierin einen Ermunterungsgrund, die protestantischen Gemeinden der neubekehrten Einwohner zu bedrohen und auf mannichfache Weise zu verdächtigen, und es fehlte hiebei auch nicht an Beispielen der Gewaltthätigkeit. Doch waren die Bedrängnisse und Gefahren, welche der Krieg selber mit sich brachte, für alle Bewohner zunächst der Küstengegenden von Koromandel gemeinsam.

In der Nacht vom 28. April 1758 landete ein französisches Truppencorps vor dem Fort St. David, in der

3. Die Freunde in der Noth.

Nähe von Cuddalore. Bald schlossen sich demselben Truppen aus dem benachbarten Pondichery zu seiner Verstärkung an; jetzt wurden die umliegenden Städte und Dörfer von den Soldaten auf grausame Weise geplündert und verheert. Viele der römisch-katholischen Christen nahmen ihre Zuflucht in eine Kirche, nahe bei dem Landhause des Gouverneurs, in der Hoffnung, daß sie die Franzosen als ihre Glaubensbrüder in Schutz nehmen würden. Aber plötzlich verbreitete sich unter den Soldaten das Gerücht, daß diese Kirche den deutschen Missionären gehöre und daß die Flüchtlinge in ihr Mitglieder der protestantischen Gemeinde seyen. Alsbald wurden diese armen Leute mit unmenschlicher Grausamkeit niedergemacht und die Kirche in einen Aschenhaufen verwandelt. Obwohl nun die protestantischen Missionarien zu gleicher Zeit innerhalb der Mauern des benachbarten Cuddalore noch vollkommene Sicherheit genossen, mußten sie dennoch ein ähnliches Schicksal erwarten, als sie jetzt das französische Heer zur Einnahme der schlecht verwahrten Stadt heranrücken sahen. Die brittische Garnison übergab denn auch die Stadt auf Kapitulation und der Kommandant derselben ertheilte den Missionären den freundlichen Rath, daß sie seinen Unterhändler in das feindliche Lager begleiten und den französischen Befehlshaber um seinen besonderen Schutz bitten sollten. Dieser, der Graf Lolly, versicherte sie der Gewährung ihrer Bitte und ließ sogleich sein eigenes Regiment, welches aus lauter Irländern bestand, und von Oberst Kennedy kommandirt wurde, die Missionarien eine Strecke weit aus dem Lager begleiten. Ja bei dem Einrücken seiner Truppen in die Stadt gab er einem der Offiziere den Befehl, daß er eine Schutzwache vor das Haus der Missionäre stellen und dieselben vor allen Feindseligkeiten sicher stellen sollte. Und

3. Die Freunde in der Noth.

dieser Offizier war, durch Gottes Schickung, ein Deutscher, der Baron Heidemann, welchen der Missionär Kohlhoff zu Seringpatam kennen gelernt hatte. Ein wahrhaft frommer Mann, welcher bald nachher die französischen Dienste verließ und sich sich auf die Missionsstelle zu Weperi zurückzog, wo er seinen Erdenlauf im Jahre 1761 in freudigem Glauben an seinen Erlöser beschloß.

Aber die vorsorgende Hand ihres Gottes erwies ihre Hülfe noch weiter an den Missionarien. Diese hatten eilig eine Botschaft an die Brüder in Tranquebar gesendet und diese ersucht, daß sie Alles, was zur Mission gehörte, auf Booten möchten abholen lassen. Ehe jedoch diese Botschaft an ihren bestimmten Ort kam, ward dieses Anliegen schon auf einem ungleich kürzeren und besseren Wege beseitigt. Gleich nach dem Abmarsche der englischen Garnison machte der Graf Lolly den Missionarien einen Besuch. Er unterhielt sich mit denselben, erkundigte sich genau nach ihren Missionsarbeiten und dem Erfolge derselben, bot ihnen zwei Reisepässe an und gestattete, daß zwei Boote, welche den Franzosen Lebensmittel zugeführt hatten, die Habseligkeiten der Missionarien mitnehmen dürften. — Jetzt versammelten sie am Strande ihre kleine Christenheerde, knieeten mit ihren Brüdern nieder und empfahlen sie betend dem Herrn, daß Er sie selbst in seinem Schutze erhalten und führen möge und nahmen unter vielen Thränen von ihnen Abschied.

Vielen christlichen und heidnischen Einwohnern wurde auf ihr Verlangen gestattet, daß sie nebst ihren Familien mit den Missionarien die Stadt verlassen dürften. Sie erreichten am 8. Mai Tranquebar, wo die Flüchtlinge freundlich aufgenommen und in den Wohnungen der Christen beherbergt wurden. Die beiden Missionäre Kiernander und Hüttemann hatten die Freude, bei der portugiesischen und malabarischen Gemeinde der Ankömmlinge einen Wirkungskreis zu finden.

Es war eine gnädige Leitung unseres Gottes, daß die Missionäre zu Cuddalore so schnell sich bereit hatten, mit dem Häuflein ihrer Neubekehrten die Stadt zu verlassen, weil schon am Tage nach ihrer Abreise einige durch ihren Einfluß vielvermögende Männer in die Stadt kamen, welche ungleich erbittertere Feinde der evangelischen Missionen waren als alle Soldaten des französischen Heeres. Vergeblich war es, daß sie dem General Lolly Vorwürfe über seine übel angewendete Milde machten; die Tauben waren aus dem geöffneten Schlage entflohen und unter ein sicheres Obdach geborgen. — —

Wir haben hier nur diese vielfach wundervolle Rettung aus der Geschichte der damaligen Missionen ausführlicher nacherzählen wollen, vieler anderen gedenken wir hier nicht oder erwähnen ihrer nur vorübergehend, obgleich in ihnen allen so augenfällig als sonst nur selten das Walten einer unsichtbaren Hand erkennbar ist, welche sich der Vereinsamten und Verlassenen kräftig annimmt, gegen all' ihrer Feinde Uebermacht und Bosheit. Dieses erfuhr der treue Zeuge für die Wahrheit des Evangelius durch Wort und That, der Missionär Fabricius, bei der Einnahme der Stadt Madras durch die Franzosen und bei dem Niederbrennen jener Vorstadt, welche, unter dem Namen der schwarzen Stadt bekannt, der Wohnort vorzugsweise des tamulischen Volkes war. Denn in der Mitte dieses geringen und verachteten Volkes hatte die protestantische Mission ihren Wohnsitz aufgeschlagen; alle Gräuel der Verwüstung und Vernichtung, welche ein verwildertes, mord- und raubsüchtiges Heer der Soldaten an dem unbewaffneten, schutzlosen Volke der Vorstadt verübte, mußte Fabri=

3. Die Freunde in der Noth.

cius sammt seinen Gehülfen und der kleinen Gemeinde seiner Neubekehrten in vollem Maaße erfahren. Obgleich jedoch geplündert von dem Feinde und all' ihrer Habseligkeiten beraubt, wurden dennoch alle die Angehörigen der Mission mit den Gliedern ihrer Gemeinde am Leben erhalten und sie fanden als Geflüchtete nur mit dem nackten Leben, brüderliche Aufnahme, Obdach und leibliche Pflege bei den Holländern in Pulicat.

Zu diesen Freunden in der Noth und in ihrer Obhut und Pflege hatte sich auch Schwartz hingewendet, als ihm ein noch mächtigerer Feind, als die mit Schwert und Flinten es sind, eine verzehrende Krankheit der Brust den Tod drohete. Er fuhr hinüber nach Ceylon, zu seinen Freunden, den Holländern, fand bei ihnen freundliche Aufnahme und Pflege für seinen kranken Leib, zugleich aber und vor Allem eine freudige Aufnahme seiner Predigt von dem Heile, einzig in Christo, bei dem eingeborenen Volke, so wie bei denen nach dem Troste des göttlichen Wortes verlangenden Europäern. Denn hier stand zwar noch in Ehren der mächtige Baum, unter dessen Schatten Baldäus im 16. Jahrhunderte den Tausenden der eingeborenen Helden die Botschaft von Christo verkündet hatte, aber die Arbeit der Ernte war größer und der Arbeiter waren weniger geworden.

So wohl auch der Aufenthalt bei diesen Freunden dem leiblich Leidenden gethan hatte, welcher in der gesegneten Arbeit seines Berufes ein Ausruhen fand, wurde er dennoch in Colombo von einem schweren Krankheitsanfalle auf das Siechbette geworfen. Er schreibt hierüber am 16. August 1760 an seinen väterlichen Freund, den Dr. Francke in Halle: — — „Wenn ich bedenke, wie gnädig sich Gott herabließ, um mich durch eine Krankheit, mit welcher er mich zu Colombo heimsuchte, zu demüthigen und zu reinigen, so fühle ich mich gedrungen, Ihn in der Stille dafür zu preisen. Alle Wege Gottes sind eitel Güte und Wahrheit, selbst alsdann, wenn es scheint, als habe Er uns im Zorne heimgesucht und der Verheißung vergessen, die Sein Wort enthält. Ich habe Grund, zu glauben, daß der zu Colombo ausgestreute Same bei einzelnen Seelen wahre und bleibende Früchte getragen hat." — — —

Man hat alle Ursache, zu glauben, daß der damalige Aufenthalt in Ceylon für Schwartz eine Rettung und Verlängerung seines Lebens auf eine mehr als die doppelte Zahl der Jahre zur Folge hatte. Eine Wohlthat, welche nicht nur dem einzelnen Manne und seinen nächsten Freunden, sondern dem großen gesammten Werke der evangelischen Mission ein hoher Gewinn war. Schwartz ging wie neu belebt, mit frischer Kraft an sein Werk, durfte in hohem Maaße sich freuen an dem immer besseren Fortgange und Gedeihen der Missionen in Cudbalore und der ganzen umliegenden Landschaft. Von seiner Freudigkeit hierüber zeugt namentlich ein Brief von ihm an einen seiner Freunde in Halle vom Anfange des Jahres 1762. Darin schreibt er unter Anderem: — "Was meine gegenwärtigen Umstände betrifft, so fühle ich mich gedrungen, Gott zu preisen für die vielfachen Segnungen, womit Er im Verlaufe des verflossenen Jahres um Christi willen das Leben seines armen Dieners gekrönt hat. Er hat mich von einem Tage zum anderen auf die huldreichste Weise unterstützt, auch durch Seinen Geist gezüchtigt und gelehrt, und nie ohne Trost gelassen. Darum preist meine Seele den Herrn, und mein Geist freuet sich Gottes meines Heilandes. Wirklich habe ich auch die größte Ursache zur Dankbarkeit, denn der Herr hat die Niedrigkeit seines Knechtes angesehen. Meine

4. **Als die Armen, welche doch Viele reich machen.**

Freude ist nicht rauschend, aber ruhig und bleibend; und vor Allem ist mir darum zu thun, zu erkennen, daß ich ein Eigenthum meines Gottes bin, daß ich Gnade gefunden habe in Seinen Augen; daß Sein Friede auf mir ruht, und ich mit Zuversicht im Gebete zu ihm nahen und eine gewisse Hoffnung des ewigen Lebens haben darf, so daß selbst die kranken Tage mir diese Tröstungen nicht rauben dürfen." — — —

4. **Als die Armen, welche doch Viele reich machen.**

Wenn in einigen der nächstfolgenden Jahre die Freunde der Mission in Indien die Berichte lasen, daß Schwartz in Tritschinopoli, einer mächtigen Waffenstadt der Engländer, eine Missionsstation begründet, mehrere Gehülfen um sich gesammelt habe, die er auf seine Kosten erhielt; daß es ihm gelungen sey, nicht nur aus den dortigen Heiden in der Stadt und auf dem Lande umher eine Gemeinde zu begründen, sondern daß er auch bei den englischen Soldaten als Prediger in Segen wirke, ja daß er diesen sogar eine Kirche erbaut habe, der mußte vielleicht unbegreiflich finden, wie der arme Missionär, dessen Einkommen man aus den Jahresrechnungen der Gesellschaft kannte, zu so reichen Mitteln und solcher Wohlhabenheit gekommen sey? Lassen wir uns das Nähere hierüber durch einen Brief sagen, welchen im Jahre 1767 William Chambers, der Bruder des Oberjustizpräsidenten von Bengalen, Sir Robert Chambers, an einen Freund schrieb:

— — „Oft hatte ich, noch ehe ich nach Tritschinopoli kam, Herrn Schwartz als einen Mann nennen hören, welcher mit viel Frömmigkeit und großem Eifer eine gründliche Bekanntschaft mit den Landessprachen verbände. Da

4. Als die Armen, welche doch Viele reich machen.

mir jedoch Nachrichten dieser Art meist nur von Solchen gegeben wurden, welche die Vorzüge eines religiösen Charakters durch das trübe Glas der herrschenden Vorurtheile anzusehen pflegen, so waren meine Vorstellungen von ihm sehr unvollkommen, und weil ich selbst damals noch sehr unsicher und unreif in meinem Urtheile war, so mischte sich bei mir ein Vorurtheil finsteren Trübsinnes und übertriebener Strenge in die Schilderung, welche Andere mir von Schwarz gemacht hatten. Aber schon der erste Anblick des Mannes benahm mir meine irrigen, vorgefaßten Meinungen von ihm. — Zwar sein Anzug war ziemlich abgetragen und nach altmodischem Zuschnitte; aber in seinem ganzen Wesen fand ich das gerade Gegentheil von dem, was man an einem Menschen finster und zurückstoßend nennt. Stellen Sie sich einen wohlgewachsenen Mann von etwas mehr als mittlerer Größe vor, dessen Haltung aufrecht und kunstlos ist; von ziemlich dunkler, obgleich gesunder Gesichtsfarbe, mit schwarzen gekräuselten Haaren und kraftvoll männlichem Blicke, aus welchem ungeheuchelte Bescheidenheit, Geradheit und Wohlwollen fühlbar hervorstrahlen: und Sie haben eine Vorstellung von dem Eindrucke, den Schwarz schon bei dem ersten Anblicke auf das Gemüth des Fremdlings zu machen pflegt. Ich hatte das Glück, während meines langen Aufenthaltes zu Tritschinopoli mit diesem wackeren Manne genauer bekannt zu werden und manche Einzelheiten aus der Geschichte seines verflossenen Lebens von demselben zu erfahren. — — —"

Es folgt jetzt ein kurzer Ueberblick über die frühere Wirksamkeit von Schwarz im Missionsdienste zu Tranquebar, welche wir übergehen. Nach dieser kurzen Schilderung fährt Chambers fort:

„Bald fand Schwarz seinen Wirkungskreis zu

4. Als die Armen, welche doch Viele reich machen.

Tranquebar für sein weites Herz zu enge und er erhielt die Gestattung, zu Tritschinopoli, wo das Evangelium bisher nur in schnellem Vorübergehen verkündigt worden war, eine protestantische Missionsstelle aufzurichten. Abgeschnitten von jedem anderen Umgange, fand er sich doch glücklich, im mündlichen und schriftlichen Verkehre mit einem anderen jungen Missionär, Namens D a m e, welcher zu Tanjore sich niedergelassen hatte, und der eben so hingebend und eifrig als er im Dienste seines göttlichen Meisters war. Ein gleicher Geist, Sinn und Beruf bildeten zwischen Beiden das Band einer Freundschaft, welche so innig und fest war als die himmlische Liebe zu ihrem Herrn, für dessen Dienst sie jeden irdischen Gewinn freudig dahingegeben hatten. Aber der gute S ch w a r z genoß nicht lange das hohe Glück dieses freundbrüderlichen Verhältnisses. Er wurde plötzlich zu seinem Freunde gerufen, und als er nach Tanjore kam, fand er ihn als Leiche."

„Zu Tritschinopoli mußte S ch w a r z mit sehr geringen Mitteln große Dinge ausrichten. Sein ganzes Einkommen bestand monatlich in zehn Pagoden (ohngefähr 42 fl. oder 24 Thalern) und andere Mittel standen ihm nicht zu Gebote, um seine täglichen Bedürfnisse zu decken so wie seine Niederlassung in Tritschinopoli zu begründen und zu unterhalten. Mit diesem für Indien noch viel geringer zu achtenden Einkommen, als es für manche Gegend von Europa gewesen wäre, fühlte sich der Mann dennoch vollkommen glücklich und zufrieden. Was er für seinen eigenen Unterhalt brauchte, das war leicht beisammen. Von dem brittischen Platzkommandanten erhielt er in einem alten Hindugebäude ein Räumchen zur Wohnung, welches gerade groß genug war, um sein Bett, einen Tisch und ihn aufzunehmen, und in welchem nur Wenige aufrecht stehen konnten. Diese Wohnstätte genügte ihm vollkommen. Ein Teller voll Reis, nach Landessitte geschwellt, und ein wenig Gemüse dazu, stand täglich auf seiner Tafel, an welcher er sich mit heiterem Gesichte niedersetzte und mit Danksagung gegen Gott sich sättigte. Ein Stück schwarz gefärbtes Baumwollenzeug, nach Landessitte fabrizirt und zugeschnitten, reichte hin, um seinen Leib ein ganzes Jahr lang zu bekleiden. So war er der Sorge für das Irdische enthoben und konnte mit ungetheiltem Herzen der Sorge für das Werk des Evangeliums sich hingeben, das Gott ihm anvertraut hatte. Und dieses Werk wachsen und aufblühen zu sehen, das war seines Herzens höchste Lust und Freude. Wenn er in der Stadt und in den umliegenden Dörfern den Eingeborenen die große, göttliche Botschaft von Christo verkündete, da sammelte sich das Volk der Hindu und bald aus ihnen eine Gemeinde der Neubekehrten um ihn, aus denen er in Kurzem drei bis vier junge Männer zu seinen Gehülfen heranbildete. Diese hatte er nun als seine Katechisten täglich auch an seiner Tafel, und er that, was er konnte, um ihren Lebensunterhalt aus seinem eigenen Einkommen zu bestreiten."

"Aber dies waren nicht die einzigen Arbeiten in Tritschinopoli. Er fand in dieser Stadt eine große, englische Garnison, welche ohne einen Feldprediger und demnach auch ohne allen Religionsunterricht und ohne religiöse Erbauung, unter den gefahrvollsten Verführungen, mitten im Heidenlande wohnte. Auch dieser suchte er auf jede mögliche Weise am Evangelio zu dienen. Die Menschenfreundlichkeit seines Herzens, so wie die kunstlose Einfachheit seines ganzen Benehmens verschafften ihm bald unter den Soldaten eine willkommene Aufnahme, die er zuerst als Mittel

4. Als die Armen, welche doch Viele reich machen.

benutzte, die englische Sprache zu erlernen, mit welcher er bis dahin noch ganz unbekannt geblieben war. Kaum hatte er einige Kenntnisse dieser Sprache sich erworben, da fing er zuerst an, der Garnison an den Sonntagen die gewöhnlichen Gebete ihrer Kirche und eine gehaltvolle Predigt aus einer der besten Predigtsammlungen der englischen Kirche vorzulesen. Es währte nicht lange, da sprach er ihre Sprache fließend, und jetzt fing er an, ihnen selbst zu predigen, was er, so wie ich höre, noch bis jetzt fortsetzt und wobei er die gespannteste Aufmerksamkeit seiner Zuhörer an sich zu fesseln weiß."

"Wer die gewöhnliche Denk= und Lebensweise der brittischen Truppen in Indien kennt, der muß darüber staunen, wie es diesem Manne gelingen konnte, die ganze Garnison so für die Predigt des Evangeliums zu gewinnen. Anfangs brachte er sie dahin, in einem alten Hindugebäude sich zum Gottesdienste zu versammeln, bald aber faßte das Truppenkorps den Entschluß, von ihrer täglichen Löhnung etwas zu ersparen, um eine Kirche für den Gottesdienst aufzurichten. Die Geldsumme, welche die Soldaten zusammenbrachten, hätte freilich jeder andere Bauunternehmer zu der Aufrichtung eines Kirchengebäudes für unzureichend gehalten, Schwarz aber wußte damit so hauszuhalten und bei seiner genauen Kenntniß der Einwohner so wie der äußerlichen Hülfsmittel und Gelegenheiten die Baumaterialien und den Arbeitslohn so wohlfeil zu erhalten, daß ein sehr geräumiges, hohes und schönes Gebäude mit jenem Gelde aufgerichtet werden konnte"*). — — —

Der vorstehende Brief von Chambers gibt uns in

---

*) Wenn auch nur als Obdach gegen Sonne und Regen, faßte die Kirche 1500 bis 2000 Mann.

4. Als die Armen, welche doch Viele reich machen.

großer Treue die Grundrisse zu einem Bilde des äußeren Wesens und Lebens des Missionärs Schwartz. Zur Ergänzung des anmuthigen Bildes fügen wir einige andere wesentliche Züge hinzu, in denen sich uns der Geist abspiegelt, welcher die Kräfte seines äußeren Wesens belebte, und zu ihren Thaten geschickt machte. Dieses war bei Schwartz der Geist eines kindlich innigen, feurigen Gebetes, das in seinem Herzen nie verstummte und welches, wenn es in Worten sich ergoß, ihn selbst, so wie die Seelen der dafür empfänglichen Zuhörer mit Freuden und Kräften der Ewigkeit erfüllte. Wer den seligen Schwartz besuchte, wenn derselbe so eben bei dem Genusse seines täglichen Brodes, seines Schüsselchens mit geschwelltem Reise saß, der würde vielleicht verwundernd gedacht haben: wie ist es möglich, daß der Mann bei seinen unaufhörlichen Anstrengungen des Umherlaufens in Hitze und Nässe, im Schulhalten, Predigen und Zurechtweisen, von diesen wenigen Bissen und etwa einem Trunke von Reiswasser, bei Kräften bleiben kann? Wer ihn jedoch vor oder nach dem Essen beten hörte, so inbrünstig und voll freudigen Glaubens, wie er es immer that, der dachte nicht mehr an die Kleinheit der Portion von Reis, welche der werkthätige Mann zu seinem täglichen Unterhalte genoß, sondern er fühlte das Nahesein Dessen, welcher mit wenig Brod und Fischlein Tausende der Hungernden sättigte.

In der That, wer unseren Schwartz bei seiner Mahlzeit und seinem Tischgebete hörte und sah, der mußte sich davon überzeugen, daß diesem Manne nicht das leibliche Essen, sondern das freudige Dankgebet dabei der rechte, wahre Genuß sey, aus welchem er auch für sein leibliches Leben und Wirken, mehr noch als aus den Elementen der sichtbaren Speise, seine Bekräftigung entnahm.

4. **Als die Armen, welche doch Viele reich machen.**

Wir erzählen hier nur ein Beispiel, das uns im Geiste zu Schwartzens Mahlzeiten und seinem Tischgebete hinführt. Es ist aus der Geschichte jener späteren Zeit seines Lebens genommen, in welcher er ungehindert, mitten in Hyder Ali's feindlichem Heere seinem Berufe, der Verkündigung des Evangeliums an die Heiden, vom Morgen bis zum Abende nachging. Christian David, ein junger Tamule, welcher nachmals als bekehrter Christ in das Amt eines Katecheten trat, begleitete schon als Knabe den Vater Schwartz auf seinen täglichen mühseligen und oft gefahrvollen Wanderungen. Sie waren einstmals den ganzen Tag mit einander gereist, und als sie bei Sonnenuntergang in einem kleinen Dorfe ankamen, setzte sich Schwartz, ganz ermüdet, unter einen Baum und unterhielt sich mit den umherstehenden Leuten des Dorfes, während sein Pferdetreiber die sparsame Abendmahlzeit bereitete. Als der Reis mit der Currybrühe, auf Palmblättern statt der Teller, aufgetragen war, richtete sich Schwartz auf, um Gott um Segen zu der Speise anzuflehen, Ihm zu danken, daß er unter so manchen Gefahren des Tages so väterlich über sie gewacht und so huldreich für ihre Ruhe gesorgt habe. Sein Herz floß von Dankgefühlen über und ergoß sich in beredtem Ausdrucke des Gebetes und des Lobes Gottes. Der arme Knabe, der neben ihm stand, hielt eine Zeit lang seine ungeduldige Eßbegierde zurück; endlich aber überwältigte der Hunger das Gefühl der Achtung gegen seinen Herrn und er fing an, über das lange Gebet zu klagen und ihn zu erinnern, daß der Curry bereits kalt geworden sey. Sehr rührend beschreibt nun Christian David den feierlichen Ernst, womit ihm Schwartz seine Ungeduld verwies. „Was?" sagte er, „die Güte Gottes hat so gnädig unter der Last und Hitze

4. Als die Armen, welche doch Viele reich machen.

des Tages über uns gewacht und wir sollten die Speise, die Er uns vor der Nachtruhe bescheert, mit Händen verzehren wollen, welche wir nicht vorher betend zu Ihm emporgehoben und mit Lippen, welche Ihm nicht dafür gedankt haben?!" —

Dieselbe Lust und Freude am Gebete, womit seine dürftige Mahlzeit gewürzt war und woraus dieselbe ihre stärkende Kraft empfing, wachte an jedem Morgen mit ihm auf und begleitete ihn den ganzen Tag zu allen Thaten und Werken seines Lebens. Welches Glück der Erde kommt dann der Liebe gleich und welche Liebe ist reicher an Freude, an Trost, an Hoffnungen und seligem Genusse als die Liebe der Menschenseele zu ihrem Heilande und liebenden Freunde! Darum war Schwarz immer voll frohen Muthes, wenn er am Morgen im verborgenen Winkel seiner Kammer im Gebete sich segnete und in diesem Segen an sein Tagwerk ging, bei welchem dann fortwährend ein so wunderbares Gelingen war.

Denn, um hier nur Eines solchen Falles zu gedenken, wer hätte es für möglich gehalten, daß seine Besuche in den Kasernen der brittischen Soldaten solche Früchte bringen würden, als sie bald nachher brachten. Mußte er doch Anfangs, als er wie ein munteres, dankbares Kind gleichsam nur die Brosamen ihrer mündlichen Unterhaltung auflas, und auf eine Weise, die selbst für den schweigsamsten Ernst seiner Zuhörer etwas Erheiterndes hatte, die Töne ihrer Sprache ihnen nachlallte, nur etwa wie ein Gegenstand zur Vertreibung ihrer Langeweile erscheinen. Aber was ist aus diesen Besuchen des ehrwürdigen Missionärs, in einer Kaserne der meist in fleischlichem Leichtsinne dahin lebenden Soldaten geworden? Einiges davon erwähnten wir schon. Er wurde ihr Vorleser der kirchlichen

1. Als die Armen, welche doch Viele reich machen.

Gebets, ihr Prediger, Seelsorger, der Erbauer ihrer Kirche. Aber hiermit waren die Segnungen seines Besuches in den Kasernen, dahin die Liebe zu seinem Herrn und zu den durch Christum erlösten Menschenseelen ihn trieb, noch nicht zu Ende; sie gingen noch höher zu den ewigen Hütten.

Vielleicht durch Chambers oder durch andere hochstehende Männer hatte die brittische Regentschaft in Indien von Schwarzens wohlthätigem Wirken an ihrem Militär in Tritschinopoli gehört. Man ernannte ihn, ohne daß er selbst daran dachte, und noch weniger darum bat, zum Feldprediger der dortigen Garnison und sicherte ihm für dieses Amt eine jährliche Besoldung von 100 Pfund oder 1200 Gulden zu.

Wie nun? wird nicht der Mann jetzt, wo sein Einkommen reichlich auf das Dreifache gestiegen ist, seinem Leibe auch eine gebührlichere Ehre anthun; statt des Winkels, den er bisher bewohnte, anständige Zimmer sich miethen; statt der täglichen schmalen Kost des geschwellten Reises — denn er ist ja kein Brahmine — auch etwas Fleisch und in seinem zunehmenden Alter auch etwas Wein zu seiner Stärkung genießen?

Schwarz bedurfte und that dieses Alles nicht. Gewissenhaft verwendete er die in seine Hände gelegte Besoldung als Prediger und Seelsorger der Soldaten, von Heller zu Pfennig, nur zum Wohl und Heil seiner Soldaten. Ein geräumiges, wohleingerichtetes Krankenhaus wurde von seinem Gelde für die Soldaten errichtet und mit allen Mitteln ihrer Verpflegung reichlich versorgt; Anstalten und Häuser zur Aufnahme und Versorgung der Wittwen und Waisen, Rettungshäuser für die, wenn auch durch eigene Schuld, Verstoßenen und Verlassenen, wurden

4. **Als die Armen, welche doch Viele reich machen.**

errichtet, Schulen der Belehrung thaten sich auf, denn welches Werk wäre einer solchen Liebe zu schwer, als die war, welche unseren Schwarz auf jedem seiner Schritte begleitete! —

Und wie sollte eine Liebe dieser Art nicht andere Seelen entzünden! Bald zeigte sich dieses an den Gesunden wie an den Kranken. Mitten in der größeren Gemeinde des Militärs, das sein Wort mit Freuden aufnahm, bildeten sich jene kleineren innigeren Vereine um sein väterliches Herz, welche sich, wie jene 20 Mann, von denen er erzählt, zu einem Bunde mit Gott ihrem Herrn, im Abendmahle, vereint hatten: „nur Ihm zu leben, nur Sein Eigenthum zu werden und zu seyn." Diese Treuen in Wort und Wandel, zu denen sich bald noch andere ihrer Standesgenossen gesellten, leisteten der Mission durch ihre Pflege und ihren Einfluß auf die Seelen der Kranken, so wie durch ihr Wirken auf die Heiden sehr wesentliche Dienste. Aus den zahlreichen erfreulichen Berichten von den Kranken- und Sterbebetten der Soldaten heben wir hier nur einige hervor. „Einer derselben, ein Engländer von Geburt, hatte schon mehrere Jahre lang als ein ächter Jünger Christi gewandelt. In seinem ganzen Betragen lag ein tiefer Ernst; das Evangelium Christi war ihm theuer und verbreitete einen bleibenden Frieden und heiligen Muth über seine Seele. Auf seinem Krankenlager wurde er von seinen Kameraden fleißig besucht. Sein Herz war vollkommen gefaßt und noch in seinen letzten Todesstunden fand ich ihn (so erzählt Schwarz in seinem Tagebuche) in der seligsten Gemüthsstimmung. Meine Sünden, sprach er, hat mir Gott um Christi willen vergeben; mein Herz hat Ruhe und Frieden und der Feind besitzt keine Gewalt über mich. Mit Wonne sehe ich einer seligen Ewigkeit entgegen, und ich möchte mein Loos nicht mit dem höchsten Erdenloose vertauschen. — O die arme Welt, wenn sie es nur einmal wüßte, wie selig es ist, ein Christ zu seyn! — Jetzt reichte er mir die Hand und sagte: ich danke Ihnen, mein Freund, daß sie mich in die Bekanntschaft mit meinem Herrn Jesu eingeführt haben! Und, indem er, die Augen emporrichtend, in die Worte ausbrach: in deine Hände empfehle ich meinen Geist! Du hast mich erlöset, Herr, Du treuer Gott, gab er den Geist auf."

„Ein Anderer", so erzählt Schwarz weiter, „ein Irländer, den wir den alten Jakob nannten, ist vor einem Monate gestorben. Er war auch ein Diener Christi, welcher sein Herz mit allem Fleiße bewahrte. In gesunden Tagen klagte er manchmal darüber, daß er häufig von sündhaften Gedanken geplagt werde, welche ihn am Gebete hinderten. Selbst die Rohesten unter seinen Bekannten mußten es eingestehen, daß er ein wahrer Christ sey. Nicht selten stand er bei Nacht auf und brachte in stiller Einsamkeit seine Stunden im Gebete zu, wie überhaupt das Gebet die unentbehrlichste Speise seines Herzens war. Er stammelte, wenn er etwas las, aber beim Beten war nicht das Geringste davon bemerklich. Dieser alte Mann war ein großer Segen für unsere kleinen Soldatenvereine. Als ich ihn das letzte Mal im Spitale sah, klagte er blos über eine allgemeine Unruhe in seinem Körper. — Gut, Jakob, sagte ich, ich weiß, du hast nichts dagegen, wenn dich der Herr Jesus nach Hause ruft. Nichts, gar nichts, rief er mit lächelnder Miene aus. Wir beteten mit ihm, und in der folgenden Nacht war er entschlafen."

Nicht immer waren die Erfahrungen, welche Schwarz an den Kranken= und Sterbebetten seiner Pflegebefohlenen machte, denen gleich, von denen wir so eben berichteten.

4. **Als die Armen, welche doch Viele reich machen.**

Denn in solchem Frieden können nur Die den Schmerzen und Schrecken des Todes entgegen gehen, denen die Gewißheit der Vergebung ihrer Sünden durch Christi Blut und Tod versiegelt ist. Aber viele von Jenen, denen sie dieses noch nicht war, errangen sich auf dem Kranken- und Sterbebette in herzlicher Buße diese Gewißheit des Glaubens an Ihn, welcher die Sünder gerecht macht, und schieden selig von hinnen. Auch war es die treue Liebe zu seinem Herrn, welche unserem Vater Schwarz die Kraft gab, die Sünder mit Ernst zu züchtigen und zu strafen. Nach seinem Willen geschah es, daß jener engere Kreis der Verbündeten in seiner Gemeinde das Strafamt der Aeltesten übernahm. Jedes Mitglied, das in anerkannter Sünde lebte, wurde zuerst erinnert, und wenn es sich nicht besserte, wenigstens aus ihrer näheren Gemeinschaft ausgeschlossen.

In Schwarzens ganzem Wesen und Wirken gab sich ein Leben der Liebe kund, das seinen Ursprung und die Kraft seiner Fortdauer aus dem ununterbrochenen Umgange mit dem Geliebten, im Gebete empfing. Diese Liebe begeisterte ihn zu seinem feurigen Bekenntnisse der frohen Botschaft von Ihm, dem Geliebten seines Herzens, unter den Heiden, wie unter seinen getauften Mitchristen. Sie trieb ihn zu allen Thaten des Wohlthuns und der Freundlichkeit, so wie auch des väterlich zurechtweisenden Ernstes gegen seine Brüder. Und dennoch konnte dieser Mann voll Liebe vor Ihm, seinem Herrn, dessen Augen sind wie Feuerflammen, sich so innig eines Mangels an Liebe anklagen, wie er es in der Stelle eines Briefes an seinen Freund Chambers gethan hat, welche wir hier nachstehend mittheilen wollen.

„Ich las diesen Abend in dem 2. Kapitel der Offen-

4. Als die Armen, welche doch Viele reich machen.

barung das erste Sendschreiben, das der Herr an den Gemeindevorsteher zu Ephesus erließ. Wie Vieles weiß Er nicht zu billigen und herauszuheben, was in seinem Sinne und Wandel lobenswerth war; dennoch gilt ihm der Verweis, daß er die erste Liebe verlassen habe. Er that noch immer viel Lobenswerthes, aber die Quelle, aus der es floß, war nicht mehr jene lautere und inbrünstige Liebe, welche vorhin sein Thun und Lassen beseelt hatte. Sein Herz war, bis auf einen gewissen Grad, kalt und gleichgültig geworden und er that Vieles aus bloßer Gewohnheit und nicht mehr im süßen Drange der Liebe Christi. Ich kann nicht sagen, wie sehr diese zärtliche und wehmüthige Klage mein Innerstes in Bewegung setzte. Es war mir zu Muthe, als stände der Heiland vor mir, mir zu sagen: Ich habe Dasselbe gegen dich. Mein Herz schmolz ganz in Wehmuth zusammen. Ach wie könnte ich daran zweifeln, daß nur zu Vieles, was immerhin an sich gut ist, von mir gethan wird, ohne in jenem edlen Geiste der Liebe Grund und Wurzel zu haben. Mein Herz sollte bluten bei dem Blicke auf die unbegreifliche Kälte, die sich in die Liebe mischt, welche ich meinem theuren Erlöser schuldig bin. Ich beuge mich aufrichtig unter dieses Gefühl, obgleich nicht so viel, als ich es wünschte, wenn ich daran denke, wovon ich gefallen bin. Aber wie Muth machend ist nicht die Verheißung, welche derselbe hochgelobte Erlöser allen Denen gibt, welche diese Herzenskälte überwinden und nach warmer Inbrunst in der Liebe trachten. Sie sollen essen vom Baume des Lebens, welcher mitten im Paradiese Gottes ist. Sie sollen die Huld und Liebe ihres Gottes genießen, sie sollen schmecken und sehen, wie freundlich der Herr ist. Möge diese köstliche Verheißung die Flamme der Liebe auf's Neue in unseren Herzen entzünden und alles kalte, todte

Formenwesen für immer aus unseren Religionsübungen verbannen! Ich hoffe, Ihr Herz brennt von der Liebe Christi, wie die Herzen der Jünger auf dem Wege nach Emmaus. Es fehlt wahrlich nicht an Stoff, dieses Feuer in uns anzuzünden, wenn wir nur wachen und nüchtern sind. So wollen wir uns denn einander aufmuntern, so lange wir Zeit und Gelegenheit dazu haben. Nie müsse die Menge und die Mannichfaltigkeit der Arbeiten die heilige Flamme dämpfen, welche unausgesetzt in unseren Seelen brennen sollte. Mein Herz wünscht, daß Sie immer ein scheinendes Licht seyn mögen. Amen, das geschehe also."——

5. Die Amtsgewalt eines Sendboten an die Heiden.

Der Prediger des Evangeliums von Christo unter den Heiden muß, wenn er diese wahrhaft zum lebendigen Glauben erwecken und bekehren will, die Kraft seines Glaubens nicht bloß in Worten, sondern in seinem vor Augen liegenden Wandel bezeugen. Nach diesen beiden Seiten hin muß der Ungläubige es erkennen, daß es nicht das Fleisch, mit seinem Eigenwillen und seinen Gelüsten sey, sondern der Geist, welcher den Prediger der Gerechtigkeit antreibt und führt auf dem Wege seines Berufes. In seiner Lehre, in seinen Worten erweist sich die Frucht des Geistes als Weisheit und tiefe Erkenntniß, in dem sichtbaren Wandel des Christenboten zeigen sich die Früchte des Geistes als Liebe, Freude, Friede, Geduld, Freundlichkeit, Gütigkeit, Sanftmuth, Keuschheit (Gal. 5, 22). In solcher Weise hat sich Schwarz in Wort und Wandel als ein vom Geiste Christi gesalbter und geheiligter Verkündiger

5. Die Amtsgewalt eines Sendboten an die Heiden.

des Evangeliums zunächst an die Heiden, wie auch an die in heidnischer Blindheit dahinlebenden Christen erwiesen.

Schon als Jüngling, bald nach seiner Ankunft in Indien, erweckte er durch seine Belehrung und Predigt unter den Tamulen ein ungewöhnliches Aufmerken. Als er im Jahre 1758 mit seinem brüderlichen Gefährten Kohlhoff eine seiner ersten Missionsreisen in's Innere des Landes machte, da sprach ein verständiger, lernbegieriger Hindu aus hoher Kaste die Worte über ihn aus: „Du bist ein Priester Gottes für alle Völker." Treffend und in kurzen Worten wußte schon damals der jugendlich kräftige Missionär auch die auf ihre vermeinte Weisheit hochmüthigen Brahminen und gelehrten Panderams ihres Irrthumes zu überführen und sie zur Wahrheit, die aus Gott ist, hinzuweisen. So jene ihm begegnenden und an ihm vorübereilenden Brahminen auf dem Wege nach Cubbalore, die er zur Buße vor Gott und zum Glauben an Christum ermahnte. „Auch wir verehren Gott," so sprach der eine von ihnen, „und da Gott überall gegenwärtig, dürfen wir ihn auch in der Gestalt eines Steines anbeten." — „Ist der Ring an deinem Finger deine Person, oder ist selbst der Finger an deiner Hand Du selber? Gott ist der Schöpfer und Erhalter aller Dinge, Nichts aber, im Himmel und auf Erden gleichet der Majestät des lebendigen Gottes." — Noch leichter war jener Mann in Negapatam seines Irrthumes überführt, welcher die Wahrheiten, die der Kalender enthält, den Wahrheiten des göttlichen Wortes gleichstellte. „Diese Bücher sagen uns die Sonnen- und Mondfinsternisse an und ihre Aussage erweist sich als wahr, denn sie trifft auf Stunde und Minute ein, warum sollte nicht auch das wahr seyn, was unsere Bücher uns von den Göttern sagen?" — Was Schwarz damals von der Un-

34 5. Die Amtsgewalt eines Sendboten an die Heiden.

zulänglichkeit aller Kenntnisse der Gesetze und Ereignisse der Natur zur Erkenntniß des Geistes sagte, der frei und selbstständig über jenen Gesetzen waltet, das würde noch jetzt in manchen Fällen eine belehrende Zurechtweisung seyn. Einem mohamedanischen Häuptlinge und seinen Gefährten, denen Schwartz auf einer Wanderung nach Cubbalore begegnete, ging der Vergleich des Erdenlebens mit einer Reise der Pilgrime und Fremdlinge nach ihrer Heimath tief zu Herzen. So oft der Missionär den Namen Christus nannte, fügte der Mohamedaner das Wort Messias in Ehrfurcht hinzu. — Bei Gelegenheit seines Berichtes von einer Predigt, welche er einer Versammlung der Eingebornen unter dem Schatten eines Baumes zu Abutuna gehalten und welche vieles Aufmerken erregte, spricht sich Schwartz über den Hauptinhalt dieser, so wie aller seiner Predigten in folgender Weise aus: „Es sind immer drei Punkte, welche wir in unseren Ermahnungen herausheben: die wahre Buße zu Gott; das Vertrauen auf den göttlichen Erlöser Jesum Christum, und das Leben der Gottseligkeit, welches aus dem wahren Glauben entspringt." — Vornämlich auf diese Quelle alles Guten in uns wies er auch jene Kaufleute hin, die im Schatten des majestätischen Banianenbaumes zu Kuttalam ihre Waaren feilboten und welche es als unmöglich ansahen, den Geboten des Christenthumes zu gehorchen.

Wie seine Worte an die Heiden zur Belehrung derselben wirksam waren, so zeigte sich ihre Kraft auch in den Thaten, welche sie in ihren Zuhörern hervorriefen. Diese Thaten waren es, welche den Britten während der blutigen Kämpfe um Madura eine wesentliche Hülfe und Erleichterung in der Sorge für ihre verwundeten oder kranken, Mangel leidenden Soldaten brachten. So sehr aber

5. Die Amtsgewalt eines Sendboten an die Heiden. 35

Schwarz bei seinen Neubekehrten auf einen Erweis ihres Glaubens an Christum durch Thaten der Liebe zu Gott und den Brüdern drang, trat er dennoch auch dem ungebührlichen Hervorheben guter Werke zur Vergebung der Sünden bei jeder Gelegenheit entgegen. Zwei Mohamedaner, welche er an der Moschee des angeblich wunderthätigen Fakirs Natter zu Tritschinopoli fand, und welche fließend persisch sprachen, priesen mit beredtem Munde die Zulänglichkeit der guten Werke zur Vergebung der Sünden an. — Ich will Euch, sagte Schwarz, nicht mit Streitigkeiten begegnen, denn ich habe Euch schon das persische Sprüchwort angeführt: „Wer disputirt, verliert jeden Augenblick einen Blutstropfen von seiner Leber." — — Als er ihnen hierauf die Lehre des Evangeliums von der Vergebung der Sünden allein durch Christum und sein Verdienst auseinandersetzte, da zeigte sich einer der Mohamedaner, welche dem Gespräche zuhörten, der Aufnahme des Wortes der Wahrheit günstig, indem er selbst mit einer Lehre des Mohamed von dem Glauben es zu vereinbaren suchte.

Zwei Mohamedaner, welche an einem anderen Tage auf einer Abendwanderung unter dem heidnischen Volke umher ihn begleiteten, sagten ihm, wie sehr das Volk ihn liebe. — — Auf einem Ruheplatze begegnete ihm ein gelehrter Hindu, der ihn bei der Hand faßte und große Freude darüber ausdrückte, ihn zu sehen; zugleich auch ihm versprach, der Wahrheit gehorsam zu seyn, wenn er von derselben überzeugt würde. An der Wand waren mehrere Sprüche in tamulischer Sprache geschrieben, welche der Hindu las. Einer derselben lautete also: Unsere Voreltern sind gelehrt worden, viele Ceremonien zu beobachten und sind gestorben. Der wird der wahre Priester seyn, welcher Unsterblichkeit geben kann. — „Was sagst du zu diesem Spruche," fragte der Missionär; „verlangst du wirklich nach wahrer und seliger Unsterblichkeit?" Der Hindu sagte: Die Unsterblichkeit, welche er begehre, bestehe darin: von Schmerz, Krankheit und Tod frei zu seyn, und so oft es ihm beliebe, eine Reise in den Mond zu machen. — „Deine erste Sorge," so sagte der Missionär, „sollte es seyn, wie du als ein armer, schuldbeladener Sünder mit Gott versöhnt werden mögest." — „Ich weiß von keiner Sünde," rief der Hindu, „und wünschte nur höheren Unterricht von dir zu empfangen." — — So wie bei diesem Hindu lag bei vielen der vermeintlich hochgebildeten Hindus, vor allen bei jenen von der Kaste der Brahminen, der schwer auflösliche Knoten ihrer geistigen Gebundenheit in dem Wahne von ihrer Werkheiligkeit, während das Volk der niederen Kasten ungleich leichter von den Lehren des Christenthums gewonnen wurde.

An sich selber war Schwartz kein blinder Eiferer gegen das Bestehen der Kasten des indischen Volkes. Er betrachtete sie wie jene Verschiedenheit der Stände, welche im christlichen Europa die Rechte der Geburt und Abstammung, die häusliche Erziehung und Bildung den Gliedern einer kirchlichen Gemeinde geben. Verschiedenheiten, welche der Kraft und Wirkung des Evangeliums für sich allein eben so wenig Eintrag thun können, als der freudigen Aufnahme einer gläubigen Predigt vor einer Versammlung der Vornehmen und Geringen in einer unserer Kirchen. Aber namentlich dem Stande der Brahminen gewährte zwar seine höhere geistige Bildung eine Erleichterung für das Verständniß der Lehren des Christenthums, zugleich aber lag für diesen Priesterstand eine doppelte Gefahr durch die von frühe an gewohnte, abgöttische Ueberschätzung der Lehren

5. *Die Amtsgewalt eines Sendboten an die Heiden.*

ihrer Tempelweisheit und die Selbstüberschätzung ihrer priesterlichen Gewalt über die Seelen ihres Volkes.

In den Lehren der Weisheit der Tempel, wie sie uns noch fortlebend bei den Indern entgegentreten und wie sie in noch größerer Vollendung bei den ältesten Aegyptern sich kund geben, liegt ein Element von zweiseitiger Natur und Wirksamkeit. Schon dem erstgeschaffenen Menschen im Paradiese ward ein goldener Faden des prophetischen Wortes in seine Hand gegeben, das in der Menschwerdung des eingeborenen Sohnes vom Vater in Erfüllung ging. Diese Gabe hat sich im Geiste der Völker auch nach den Zeiten der weltgerichtlichen großen Fluth erhalten. Aber ein Gewebe von fremder Art hat den goldenen Faden der Wahrheit umsponnen. Mit der göttlich-prophetischen Weissagung hat sich ein prophetisches Vorausschauen in das Fernkünftige gemischt, das aus gleicher Quelle kam, als die Orakelsprüche der Pythia oder die Zeugnisse der Dämonen in den Besessenen zu Christi Zeiten. Die auch in unseren Tagen wieder auflebende Lästerung, als sey das, was die Tempelweisheit der Abgöttischen uns verkündet, ein Christenthum ohne Christum schon vor Seiner Erscheinung im Fleische gewesen, unterliegt demselben ernst hinwegweisenden Urtheile, als die abgöttische Verirrung der Anbeter der Dreieinigkeit des Drachen, des vom Tode auferstandenen Thieres und des falschen Propheten in dem Buche der letzten Offenbarungen. —

„Was ihr uns sagt, das ist uns nichts Neues, wir haben dieselben Lehren in unseren heiligen Büchern," das entgegnen die gelehrten Brahminen öfters den Verkündigern der Lehren und Gebote des Christenthumes, bis sie die lebende Kraft des Lichtes im Gegensatze zu der tödtenden der Finsterniß an ihren eigenen Seelen erfahren.

5. Die Amtsgewalt eines Sendboten an die Heiden.

Eine andere Gefahr für den Stand der Brahminen liegt in der abgöttischen Selbstüberhebung ihres priesterlichen Standes und seiner Macht und Gewalt über die Seelen der Menschen. Wir führen hier einige Beispiele von jenem Uebermuthe der Priesterherrschaft der Brahminen an. In Careor, fünf Stunden westlich von Tritschinopoll, besuchte Schwarz einige vornehme Hindus, welche den Lehren des Christenthumes mit aufrichtigen Herzen sich zuwendeten. Zu gleicher Zeit besuchte er auch daselbst einen reichbegüterten Brahminen, welcher ihm gestattete, ohne Unterbrechung von den Thorheiten des Heidenthumes zu reden. Wir wurden, so erzählt Schwarz, von einem Hindu unterbrochen, der hereinkam und auf sein Angesicht vor dem Brahminen niederfiel, worauf dieser eine Handvoll Asche über den armen Mann hinstreute. Ich zeigte ihm nun, wie unrecht er handle, eine Ehrenbezeugung anzunehmen, welche allein Gott gebühre. Aufgebracht über meine Zurechtweisung rief er aus: „Beweise mir einmal, daß nur ein einiger Gott ist." Schwarz that dies in seiner aus dem Buche der Offenbarung wie aus jenem der Werke des Schöpfers wohlunterrichteten und geübten Weise; der Brahmine entließ ihn mit jenem Vorwande der Anbeter der Bilder, daß eben so wie die Ehre der Beugung vor dem Körper eines Menschen nicht seinem Körper, sondern seinem Geiste gelte, auch die Verehrung ihrer Bilder nicht diesen, sondern Gott zugedacht sey.

In seiner ganzen Stärke lernte jedoch Schwarz den abgöttischen Wahn von der Gewalt der Priester über den Glauben und die Meinungen der Menschenseelen in seinem langen Verkehre mit dem Herrscher von Tanjore und seinem Hofleben kennen. Wir haben schon in den vorhergehenden Berichten mehrere Male von der Achtung des Radscha's

5. Die Amtsgewalt eines Sendboten an die Heiden. 39

von Tanjore vor dem Christenthume und seinen Lehrern gesprochen. Schon im Jahre 1756 hatte der erste Minister am Hofe des damaligen Radscha's seinen Glauben an den einigen, wahren Gott bekannt und vom Götzendienste öffentlich sich losgesagt. Als Schwartz im Jahre 1762 auf einer Missionsreise dahin kam, wurde ihm verstattet, nicht nur in der Stadt, sondern selbst im Palaste des Radscha das Evangelium zu verkünden, wobei der Fürst gewöhnlich, ohne sich jedoch sehen zu lassen, ein aufmerksamer Zuhörer war. In einem Briefe vom Oktober 1768 erzählt er von der Menge, dem Wohlstande und dem Einflusse der Brahminen, welche das Land beherrschen: „Der König des Landes ist nicht ein Despot, welcher nach unbeschränkter Willkür herrscht, sondern er selber ist nur ein Sklave. Selten geht er aus, und oft, wenn er es thun will, sagen ihm die Brahminen, daß nach dem Rathe der Götter der Tag nicht günstig dazu sey. Dies reicht vollkommen hin, um ihn in's Haus einzusperren. Bei einem Besuche im April 1769 wurde Schwartz persönlich bei dem Radscha, oder, wie man damals ihn nannte, König von Tanjore, Tuldschabschi, eingeführt und lernte in ihm einen Mann im blühendsten Alter, von guten natürlichen Anlagen und mildem, würdevollem Benehmen kennen. Schwartz machte gleich bei dieser ersten näheren Bekanntschaft einen so günstigen Eindruck auf den Fürsten, daß hiedurch der Grund gelegt wurde zu der zutraulichen Freundschaftlichkeit, welche Tuldschabschi bis zu seinem Ende ihm erwies. Dieser Radscha war unter den damaligen eingeborenen Herrschern von Indien eine an Geist und Gemüth vorragende Erscheinung. Er war mit der Sanscrit-Literatur so eng vertraut, daß er selbst in Sanscrit Gedichte gefertigt hatte, welche zu Schwarzens Zeit in

5. Die Amtsgewalt eines Sendboten an die Heiden.

Tanjore im Munde der Gebildeten des Volkes waren. Er schien, nach dieser seiner geistigen Empfänglichkeit für die Lehren des Evangeliums sehr zugänglich, und, obwohl von den Brahminen ohne Aufhören eifersüchtig bewacht und gehemmt, wurde Schwarz, der Christ, dennoch immer mehr der Vertrauteste seines Herzens, dessen Rath er in all' seinen Hauptangelegenheiten am liebsten hörte. Aber dabei ergab sich manche Gelegenheit, bei welcher die Priesterherrschaft der Brahminen auch über den Fürsten grell in's Auge fiel. So bei einem Besuche im März 1772. Der König hatte vernommen, daß Schwartz seinen Hofbedienten im Palaste das Evangelium verkündige, da ließ er ihm am anderen Tage wissen, daß er ihn selber zu hören wünsche. Schwartz wurde demnach im Hofe des Palastes vor des Königs Zimmer unter einen Schattenbaum geführt. Der König trat zu ihm und sagte: Padre, ich wünsche mit dir allein zu sprechen, und führte mich zu einem abgesonderten Flügel des Palastes. Aber kaum waren wir einige Minuten hier allein gewesen, da kam der Oberbrahmine, den man sich als Hofbischof denken kann, herbei. Der König warf sich vor diesem auf den Boden nieder, richtete sich dann wieder auf und stellte sich mit gefalteten Händen vor ihn hin, während sich der Brahmine auf einem erhabenen Sitze niederließ. Der König gab mir nun ein Zeichen, daß ich den Brahminen anreden möchte, und dieser wünschte gleichfalls die Rede zu vernehmen, welche ich Tags zuvor im Palaste gehalten hatte. Nun fing ich an, ihn hinzuweisen auf den großen Schöpfer und Erhalter aller Dinge und auf Seine würdige Verehrung und ihm zu zeigen, wie thöricht es sey, Götzenbilder und verstorbene Menschen anzubeten. Ich machte ihn auf das sittliche Verderben der Menschen aufmerksam und zeigte ihm die Gnade Gottes,

5. Die Amtsgewalt eines Sendboten an die Heiden.

welche in Christo erschienen ist, und den Weg zur Seligkeit, welcher in Buße und Glauben an diesen Erlöser der Menschen besteht. Der Brahmine horchte lange, stillschweigend zu und drückte am Ende den Wunsch aus, daß ich mich ein wenig entfernen möchte. Es wurden jetzt allerhand Erfrischungen aufgetragen und während ich Einiges davon genoß, that der König mancherlei Fragen an mich über die Buße und wünschte besonders zu wissen, „ob man wieder zu den Sünden zurückkehren dürfe, die man reumüthig bekannt habe?" Der aufrichtige Missionär antwortete: die wahre Buße bestehe im Hasse gegen jede Sünde, und mit diesem Hasse gegen die Sünde sey die freiwillige Rückkehr zu ihr unvereinbar. Weiter fragte ihn der König, was er von dem Laster der Trunkenheit halte? Der Missionär stellte ihm' als ein Vorbild der christlichen Mäßigkeit jenes vor Augen, welches der Apostel Paulus den Gläubigen aus eigener Erfahrung vorhält.

Die Freimüthigkeit und Treue, mit welcher Schwarz die Wahrheit bekannte, anstatt den König abzustoßen, zog ihn nur desto mächtiger zu Schwarz hin. Oft schien es nur an einem Faden zu hängen, daß der Fürst sich ganz der Wahrheit des Christenglaubens hingäbe, und daß er, dem Götzendienste entsagend, als Christ sich öffentlich bekannte, aber dieser Faden war von zäher Festigkeit, denn sein Gewebe bestand aus den Gewohnheitssünden und Lastern des Königes, welchem durch die Vergötterung des Brahminenthumes ein Schein, nicht nur von Zulässigkeit, sondern selbst von Heiligkeit gegeben wurde. Man darf nicht vergessen, daß die ganze Landschaft von Tanjore — das reichgesegnete Delta zwischen den beiden Flüssen: der Cavery und der Coleroon von den Hindus als ein heiliges Land betrachtet wird. Hier hatte in ältester

42 5. Die Amtsgewalt eines Sendboten an die Heiden.

Zeit der Herrscher der Hindus seinen Königsthron, welchen ihm vor 300 Jahren Eckoschi der Mahrattenfürst entriß. Tanjore blieb aber fortwährend ein Lieblingsaufenthalt der Hindus, eine geheiligte Stätte des Brahminenthumes, eine gefeierte Hochschule der Weisheit und Gelehrsamkeit der Brahminen. Welches Gebäude ihrer Art kommt in ganz Indien der Pagode von Tanjore an Pracht gleich, wo finden sich weit umher in irgend einer anderen Stadt mehr Gebäude des Götzendienstes und wohlthätige Anstalten! Allerdings zeigte sich auch, wie Schwartz dies täglich erfuhr, der Einfluß der höheren geistigen Bildung bei den Bewohnern von Tanjore und Tritschinopoli in einer Weise, welche der Erkenntniß der christlichen Wahrheiten den Weg bahnte. „Viele Tausende unter dem Volke und selbst eine bedeutende Zahl von Leuten aus der Brahminenkaste erklärten ungescheut und öffentlich ihren bisherigen Götzendienst als eitel und sündhaft." — „Kaum vergeht ein Tag," so schreibt er, „an welchem nicht Brahminen meine Wohnung zu Tanjore besuchen, aufmerksam dem zuhören, was gesprochen wird und häufig ein Buch nehmen, das die Lehre Christi enthält, und dieselbe als eine göttliche Religion preisen." — Als ich einen dieser Brahminen fragte, wohin sein Entschluß gehe: ob er die Sprache seines Gewissens unterdrücken oder die Lehre Christi annehmen und sich öffentlich zu ihr bekennen wolle, gab er zur Antwort: er könne nicht läugnen, daß die Predigt von Christo einen Eindruck auf sein Herz gemacht habe; auch habe er bereits einige seiner Verwandten befragt, was sie zu seinem Uebertritte zum Christenthume sagen würden? Aber er wie sie finden die Aufgabe zu schwer und zu gefahrvoll."

So blieb die Brahminenkaste meist als ein hartes

5. Die Amtsgewalt eines Sendboten an die Heiden.

Felsenstück stehen, während rings um sie her im Volke der Christenglaube eine aufblühende Gemeinde hervorrief. Hatte sich doch sogar ein mehr denn hundertjähriger Greis zum Unterrichte der Mission eingestellt, welcher nach dem Maaße seines hohen Alters Alles wohl faßte, was er gelehrt wurde, auch sein Herz im inbrünstigen Gebete ergoß. Nicht lange darnach ward er krank und bat dringend: die Missionäre möchten ihn nicht ungetauft in die Ewigkeit hinüberziehen lassen, weil er an den Herrn Jesum von Herzen glaube. Er wurde getauft und ging nun freudig seinem Ende entgegen. Den Tag vor seinem Heimgange besuchte ihn Schwartz, wobei der sterbende Greis zu ihm sagte: „Jetzt, Padre, gehe ich in das Reich der Herrlichkeit, und wenn ich gegangen bin, so sehe zu, daß mein Weib, die jetzt neunzig Jahre alt ist, mir auch dorthin folgen möge." Bald darauf starb er und wurde nach der Christenweise begraben. „Seine alte Ehegattin nahm dann," so erzählt Schwartz weiter, „am Vorbereitungsunterrichte Theil und machte uns durch ihr ernstes, frommes und ruhiges Wesen viele Freude. Sie hat etwas von dem Geiste jener heiligen Matronen, von denen der Apostel Petrus geschrieben hat." — — Dergleichen erfreuliche und glänzende Siege der Kraft der christlichen Predigt durfte damals Schwartz vorzugsweise bei den Bewohnern der Festung sehen, zu welcher, obgleich dieselbe auf einem vorzugsweise für heilig gehaltenen Grunde und Boden steht, dem christlichen Missionär der tägliche Zutritt geöffnet war. Das gemeine Volk wie das Militär drängten sich hier häufig zu seiner Predigt und täglich wurden daselbst viele der heidnischen Zuhörer zum Glauben an das Evangelium erweckt. Einer von den Offizieren des Radscha bot ihm für seine Mühe ein Geschenk an. Schwartz aber schlug dasselbe höflich aus und bat den vornehmen

Mann so wie die Umstehenden, sie möchten ihm seine Weigerung nicht übel nehmen, da es ihm sehr am Herzen liege, jeglichem Verdachte zu entgehen, als ob er bei Erfüllung seiner ihm zugewiesenen Pflicht zeitlichen Vortheil suche. „Um die Rettung euerer Seelen," so sprach er, „nicht um ein Geschenk ist es mir zu thun." — Er nahm einen Blumenstrauß von den Offizieren an und sie schieden freundlich von einander.

Wir kommen hier zu jener anderen Seite unserer Schilderung der Macht und Gewalt des Amtes eines rechtschaffenen christlichen Sendboten an die Heiden. Es liegt diese Macht und Gewalt in dem Beispiele seines Lebens und reinen, unbefleckten Wandels, das er der unbekehrten Menge vor Augen stellt. Diese Seite war es, welche sich an S c h w a r z in vorzüglichem Maaße mit der oben betrachteten ersten Seite, mit der seiner geistigen Gabe zur mündlichen Belehrung und Predigt, verband.

6. Der Freie unter den Sklaven.

Das Wort der Wahrheit hat dem Menschen eine Freiheit verheißen, welche selbst im Kerker, in den Banden so wie unter der Ruthe der menschlichen Dränger ihm nicht genommen werden kann. Denn gleich dem Lichte der Sonne, das alle Schatten der Erdennacht zerstreut, bewirkt der Geist aus Gott, wenn er das Wesen des Menschen erleuchtet und durchdringt, in diesem eine Ausgeburt an ein Licht, das, von ewiger Natur, durch keinen Schatten der Vergänglichkeit verlöscht werden kann. Der Mensch, welcher zu der Seligkeit dieser neuen Geburt gelangt ist, wird, durch seinen Wandel im Lichte erleuchtet, für andere Seelen, die

6. Der Freie unter den Sklaven.

noch im Dunkel stehen, ein Licht, das sie vom nächtlichen Schlafe erwecken und zum Aufstehen bekräftigen kann. Ja selbst bei solchen Seelen, die der Schlaf in unauflöslichen Banden hält, weckt das Licht des Vorbildes, das von einem zum neuen Leben erwachten Menschen ausgeht, eine bewundernde Achtung und Anerkennung.

Die erste Gabe der Freiheit des Geistes ist jener stille Frieden im Inneren, der durch keine äußere Erdennoth zerstört werden kann. Schwartz, welcher freilich durch ungleich schwerere Kämpfe mit dieser Noth siegreich hindurchgegangen war, beschreibt denselben während einer Erkrankung seines Leibes in einem Briefe an eine kleine Gemeinde seiner Freunde in Indien mit den nachstehenden, einfachen Worten:

— — „Ist nur die Seele gesund, dann steht Alles gut; das Uebrige müssen wir ja verlassen, wenn wir zu Grabe ziehen. Eine gesunde Seele ist auch ein gutes Heilmittel für all' unsere körperliche Schwachheiten; damit beschäftige ich mich oft in Gedanken; und möge Gott mir die Gnade verleihen, dies noch ernstlicher zu thun, damit ich meine, vielleicht noch wenigen, Tage zähle. Um die Ewigkeit ist es eine ernste Sache, mit der wir uns immer im Gemüthe beschäftigen sollten. — — Ich weiß und fühle es, daß ich keine eigene Gerechtigkeit habe, auf die ich irgend einen Anspruch auf die zukünftige Seligkeit stützen könnte. Wollte Gott mit mir in's Gericht gehen, wie könnte ich bestehen vor seinem Angesichte? Aber ewig hochgelobt und angebetet sey die Gnade Gottes, die ein so sicheres Rettungsmittel für die verlorenen Sünder gefunden hat. Die Versöhnung Christi ist der Grund meiner Hoffnung, meines Friedens, meiner Liebe und Seligkeit. Obgleich ich mit Sünden ganz überdeckt bin, so reinigt mich doch das Blut

Jesu von all' meinen Missethaten und bringt mein Herz zur Ruhe. Obschon ich ein verderbtes Geschöpf bin, so erleuchtet, erheitert und stärkt mich doch der Geist Jesu Christi und treibt mich an, jede Sünde als einen Gräuel zu hassen, und den Lüsten des Fleisches und der Welt zu entsagen. Obgleich der Tag des Gerichtes herannaht, so tröstet uns dennoch die Liebe Gottes, daß wir Freudigkeit haben, zu erscheinen vor unserem gnadenreichen Richter; nicht als ob wir schuldlose Geschöpfe wären, sondern weil wir gewaschen und gereinigt sind im Blute Christi."

„O meine theueren Freunde! Antheil haben an der Versöhnung Jesu, und der Gnadengaben seines Geistes theilhaftig geworden zu seyn, das macht einen Christen aus und erheitert und stärkt das Herz; das gereicht Gott zum Ruhme, das führt uns sicher in die selige Ewigkeit hinüber. Darum laßt uns täglich in unserem hochgelobten Erlöser zu Gott kommen, laßt uns aber auch den zweiten Punkt nicht versäumen, nämlich unsere Heiligung. Unsere Zeit ist kurz. — — Selbst nach dem Naturlaufe ist das Ende meiner Pilgrimschaft nahe. Möge ich nicht auf dem Wege ermatten. Möchten doch meine letzten Tage die fruchtbarsten werden! Aber so lange wir auf dieser Erde mit einander leben, so lasset uns einander ermuntern und reizen zu guten Werken."

„Meinen freundlichen Gruß an Frau F. Sagt ihr, sie solle die Freuden der Welt nicht überschätzen, sondern ihr Gemüth mit Vergnügungen nähren, welche wahrhaftig sind und ewig dauern. — Ich schicke mich gegenwärtig zu einer Reise nach dem Meeresufer an. Vielleicht bläst die Seeluft das schwache Fünklein meines Lebens noch ein wenig auf. Ich werde Eurer überall in meinem Gebete gedenken. Lebet wohl; möge Gnade,

6. Der Freie unter den Sklaven.

Barmherzigkeit und Friede Euer Loos sein in Zeit und Ewigkeit."

Zwar, die Zeit des Eingehens zu seiner ewigen Ruhe war damals für den treuen Arbeiter im Weinberge seines Herrn noch nicht gekommen, er hatte noch manches Jahr auf Erden zu pilgern, ehe er zur Heimath kam, auch hat noch manche schwere Erbennoth und manches Leid sein Herz getroffen, das den Schmerz, der Andere traf, eben so tief, ja tiefer noch empfand als den eigenen, weil dieser eigene bald, wie ein Sturm im Meere vorüberging und nicht auf den stillen Grund hinunterbringen konnte, während bei den meisten anderen Seelen der äußere Schmerz zu einem Feuer der Tiefe wird, das nur in seiner eigenen Asche erstirbt. Das zarte, innige Mitleid mit solchen Seelen war der erste Strahl jenes von oben empfangenen Lichtes, welcher den mit und um ihn Lebenden in's Auge fiel. Die Aermsten, die Verachtetsten und Verlassensten im Volke des Landes, mit denen kein anderer Mensch Mitleid und Erbarmen hatte, fanden gleich von ihrer ersten Bekanntschaft an mit diesem Manne Gottes, in ihm, in allen seinen Worten, Mienen und Thaten den Ausdruck eines theilnehmenden Mitgefühles mit ihrer Noth, den sie noch bei keinem anderen Menschen gefunden. Man kann sich kaum einen Begriff machen von der Noth, in welcher das Volk des Landes sich fand, als Sklave der Launen und aller Gewaltthätigkeiten seiner eingeborenen Herrscher. „Ein Landbauer, (selbst) in Tanjore," so erzählt Schwartz, „hat gewöhnlich sechzig bis siebenzig Theile von hundert abzugeben. Gesetzt, er erntet hundert Büschel Reis auf seinem Acker, so nimmt der König oder in seinem Namen der Pächter siebenzig davon hinweg; die übrigen dreißig bleiben dem Bauer und davon muß er seine Knechte bezahlen und seine Familie erhalten. Ja, wenn der König Geld braucht, was in Kriegszeiten immer der Fall ist, so nimmt er dem armen Landmanne Alles hinweg. Ich selbst war Zeuge, wie der beklagenswerthe Arbeiter in der Ferne den reichen Segen Gottes auf seinen Feldern sehen mußte, während die Leute des Königs die ganze Erndte eingethan haben."

So seufzte damals das arme Volk unter dem tyrannischen Drucke seiner Fürsten und lag dabei noch zugleich in den Sklavenbanden seines inneren Verderbens. Man konnte von ihm oft die Worte hören: wenn wir nicht stehlen, so können wir nicht leben; die armen Bedrängten ergriffen Lug und Betrug als eine Nothwehr gegen ihre Bedränger.

Aber auch diese, die Mächtigen und Gewaltigen im Lande, waren diese etwa als Freie zu betrachten? Sie waren dieses nicht, sondern in eben so harten, ja vielleicht noch in härteren Banden der Sklaverei als ihr Volk. Mußten wir doch oben S. 39 den scheinbar unbeschränkten Herrscher von Tanjore als einen Sklaven seiner Brahminen bedauern, noch mehr und fester lag der arme Fürst in den Banden seiner sinnlichen Gelüste, seiner Launen und Laster verstrickt. Und die Beherrscher der Seelen dieser armseligen Machthaber, die Brahminen, deren in Umkreise von Tanjore 100000 lebten, waren selber die schnödesten Sklaven des Müßiganges und aller Weltlüste, wie der selbstbewußten Bosheit und Lüge.

Mehr denn diese Alle, die Eingeborenen aus der niedrigeren und ärmeren Klasse des Volkes, so wie ihre Fürsten und Mächtigen, hätten die Europäer, so scheint es, sich einer Freiheit rühmen und derselben ungehemmt genießen können. Sie standen in der Achtung ihrer Natio-

6. Der Freie unter den Sklaven.

nalitäten, erhaben über die geselligen Beschränkungen der Völkerschaften da, unter denen sie in Indien lebten, frei, nicht nur von der schreckenden Gewalt und Zucht des Brahminenthumes, sondern von jedem tyrannischen Drucke der eingeborenen Fürsten. Und dennoch waren die wahrhaft Freien unter ihnen nicht minder selten als unter den Heiden und Mohamedanern. Abgesehen davon, daß die Meisten von ihnen sich eben so zügellos allen Lüsten des Fleisches dahingaben als die Heiden, waren sie fast insgemein von jener Macht der Finsterniß beherrscht, welche die Schrift eine Wurzel alles Uebels nennt: von dem Geize. Die Europäer, so lautete das Urtheil der Eingeborenen, kommen nur zu uns, um hier zu gewinnen, um reich zu werden von unseren Schätzen. Jeder von ihnen geht nur auf Gewinn aus, den sie an uns oder Einer am Anderen finden. Keiner von ihnen gönnt dem Anderen den ruhigen Besitz, darum färben ihre Heere mit ihrem Blute den Boden unserer Länder. Der Europäer will nicht Etwas, sondern Alles haben. Ein Brahmine sprach dieses in Indien gemeine Urtheil über die europäischen Christen in den Worten aus: die Ursachen, warum wir nichts nach euerer Religion fragen, sind euer Geiz, Stolz und eure Wollust.

Von diesem Vorwurfe des Eigennutzes und der Gewinnsucht, den man in Indien den Europäern machte, konnte auch nicht der leiseste Schatten auf S ch w a r tz fallen. Ihm waren die Lust am Gelde, die Freude am Besitze so fremd wie der frei auf Gottes Bergen weidenden Gemse das Gelüste nach dem Fleische und Blute der Thiere; denn dort auf der Höhe der Alpen sättigt sie sich vom Grün der Triften, labt sich am reinen Wasser des Quelles. Schon vorhin erwähnten wir einige Züge der Uneigennützigkeit und der entschiedenen Abneigung gegen Geldgewinn, durch welche das Wesen und die Denkart desselben Mannes sich auszeichneten. Solcher Züge hätten wir viele zu berichten, obgleich nur die wenigsten so zur öffentlichen Kunde kamen, als seine Weigerung vor dem englischen Gerichte, ein Vermächtniß anzunehmen, das ihm einer der brittischen Offiziere auf seinem Sterbebette zugeschrieben hatte, welchem Schwartz durch seinen öfteren Besuch den Trost des Evangeliums und die Erkenntniß des Heiles allein in Christo gebracht hatte. Diese Gabe, die er selber umsonst, aus lauter Gnaden empfangen hatte, wollte er sich nicht mit Geld bezahlen lassen; er wies den wiederholten Antrag mit Widerwillen zurück*). Aber selbst von der englischen Regierung nahm er keine Geldbelohnung an, wenn sie seiner Sprachenkunde und seiner Gewandtheit im Verkehre mit den eingeborenen Fürsten sich in den damaligen politischen Wirren bediente, denn er stand ja als Feldprediger in ihrem Solde, den er freilich auch, wie wir oben S. 27 sahen, nicht für seine eigenen persönlichen Bedürfnisse in Empfang nahm. Jene 300 Rupien, welche der mit Furcht und Schrecken regierende mächtige Hyder-Ali ihm als Vergütung seiner Reisekosten nach Mysore zugedacht hatte, als der Missionär als politischer Friedensbote zu ihm gesendet war, mußte er freilich in Empfang nehmen, wenn er den Hofdiener, der ihm das Geldsäckchen überbrachte, nicht der sicheren Todesstrafe aussetzen wollte, aber er verwendete diese Summe gewissenhaft, von Heller zu Pfennig für die Errichtung eines Waisenhauses. So trat Schwartz überall

---

*) Schwartz nahm nur jene Geschenke der missionsfreundlichen Gesellschaften mit bereitwilligem Danke an, die ihm für seine Mitarbeiter oder armen Gemeinden zugesendet wurden, und welche zuweilen ansehnlich waren.

6. Der Freie unter den Sklaven.

als freier Mann, der kein Knecht des Mammons war und seyn wollte, auch den Fürsten und Mächtigen entgegen, die sich selber unter die Macht dieses Götzen beugten, und sie mußten die Würde seiner Freiheit achten.

Aber noch eine andere Eigenschaft des seltenen Mannes, die sich bei jeder Gelegenheit an ihm bewährte, nöthigte ihnen eine besondere Achtung ab, das war seine unbestechliche Wahrheitsliebe und Zuverlässigkeit. Vergeblich schien es, unter den eingeborenen Heiden des Landes nach einem Beispiele dieser Tugenden zu suchen, und wie unglaublich selten waren sie bei den christlichen Europäern zu finden. Hier im Lande der Sklaven kannte man nur Verstellung und Lüge; der Arme, Unterdrückte und Beraubte war dem Gewalthaber und vornehmen Räuber gegenüber unter dem Scheine der Ehrlichkeit ein Dieb (m. v. S. 48), unter den höheren Ständen war der oberste von allen, jener der Brahminen, allen anderen im Werke der Lüge und des Betruges voran. Bei den Richtern war der Ausspruch, den sie ertheilten, eine käufliche Sache; der Kläger, welcher am meisten Geld brachte, behielt vor Gericht das Recht.

Von den lügenhaften politischen Ränken, damit sich auch die christlichen Europäer befleckten, wollen wir hier nicht reden, einer aber unter ihnen erhielt sich rein, blieb in allen Dingen ein Mann der Wahrheit und der unverstellten Redlichkeit, das war der Missionär Schwarz. Die Menschen von anderer Art fühlten sich in der Nähe von ihm öfters wie von einer Scheu befangen; selbst in seinem Schweigen, in seinem ernsten, ruhigen Blick lag Etwas, das ihre Heuchelei und Unwahrheit beschämte und ihnen zur Ausführung ihrer Anschläge den Muth nahm. Dieses erwies sich namentlich auch bei dem vielbekannten Rechtshandel, welchen er im Jahre 1771 mit den Feinden der evangelischen Mission vor dem Richterstuhle des Nabob von Carnatic zu führen hatte. Die Feinde hatten die Schuld an einer That, welche die öffentliche Ruhe mit mörderischer Gewalt unterbrach, durch lügenhaftes Vorgeben auf die Glieder der evangelischen Mission geschoben, während diese Schuld ganz auf ihrer Seite war. Der Nabob wurde von ihnen mit vielem Gelde bestochen und gewonnen; Schwartz, auf den als Haupt der Mission die Last der Klage am meisten fiel, hatte mit einfachen Worten die Wahrheit ausgesagt und dann geschwiegen, ohne um den Verlauf des Rechtshandels sich zu kümmern. Der Nabob untersuchte die Sache genau; in offenkundiger lautzeugender Weise war das Recht auf der Seite des Missionärs. Die Feinde wurden mit ihrer Klage hinweggewiesen, ein in seinen Folgen wichtiger Sieg der Wahrheit war entschieden.

7. Der Fels in Ungewittern.

Im Vorhergehenden sahen wir einen einzelnen Mann in der Kraft seines Gottes als einen Felsen da stehen, unter allen Versuchungen des eigenen Fleisches so wie unter den Gefahren und Hemmungen, die ihm von außen zusetzten. Die Ereignisse der Jahre 1772 bis 1775 mit ihren politischen Verwirrungen und Erschütterungen der bestehenden Verhältnisse brachten nicht nur dem einzelnen Arbeiter und Kämpfer für die Sache des Reiches Gottes unter den Heiden vielfache Bedrängnisse und Gefahren, sondern sie schienen dem gesammten Werke der evangelischen Mission in Tanjore den Untergang zu drohen. Wir würden die ganze Geschichte der Gräuel des Krieges und der Verwüstung, welche über jenes Land kamen, mit Stillschweigen übergehen, wenn sie nicht vielfach in das Leben und Wirken

7. Der Fels in Ungewittern.

unseres Schwarz eingegriffen hätte. Doch alle Bedrängnisse der damaligen Jahre wurden nicht nur für diesen wie für seine Freunde und Gehülfen am Werke ein Läuterungsfeuer, aus dem sie gestärkt im Glauben hervorgingen, sondern nicht minder wurden sie dieses für das Fortbestehen des geistigen Weinberges, den sie mit treuem Fleiße angebaut und gepflegt hatten.

Die Stimmung des Gemüthes, in welcher Schwarz in die Kämpfe der damaligen Zeit eintrat, mag uns aus einigen Stellen seiner Briefe an den Freund seines Herzens, an Herrn Chambers, deutlich werden, welcher nicht minder als er der Tröstung und Ermuthigung bedürftig gewesen scheint. Hatten doch alle wahren und aufrichtigen Freunde Englands das zweideutige Benehmen und die begünstigende Theilnahme der brittisch-ostindischen Kompagnie an dem ungerechten Kriege des Nabob von Arcot zu beklagen, der den Rabscha von Tanjore seines Thrones beraubte, das Land desselben in tiefes Elend brachte und seiner Gesinnung nach, als Feind des Christenglaubens, der Verkündigung desselben entgegentrat. — In einem Briefe vom Oktober 1772 schreibt Schwarz: — — „Gelobet sey Gott für alle Barmherzigkeiten, welche Er Ihnen nach Leib und Seele erweist. Seine Wege sind doch lauter Güte und Wahrheit, und was Er thut, das thut er zu unserem Wohle, um seine Verheißungen zu erfüllen und uns zu überzeugen, daß Er treu und wahrhaftig ist. Auf diese Weise hat Er auf dem Wege eigener Lebenserfahrungen einen festen Glaubensgrund in uns gelegt, welcher ungleich besser ist, als der auf losem, lockerem Gedankenspiele ruhende. Alle seine Führungen mit uns haben zum Zwecke, diese göttliche Wurzel des Glaubens in uns zum Leben zu bringen und zu stärken. Lesen Sie nur die Psalmen mit diesem Blicke, dann werden Sie, wie Sie gewiß schon oft gethan haben, die herrlichen Fußtapfen der göttlichen Vorsehung bewundern müssen. Wie oft wird nicht von der gedankenlosen Welt das Wort Vorsehung gebraucht oder vielmehr gemißbraucht: aber wie süß ist es nicht allen Denen, welche Theil haben an dem Wohlgefallen Gottes durch Jesum Christum. David war ein frommer und aufmerksamer Beobachter der Wege Gottes. Wir wollen dasselbe thun und wir werden viel Trost und Kraft darin finden."

„Die Angelegenheiten von Tanjore fangen an ernsthaft zu werden. Gestern wurde das kleine Fort Wellam nahe bei der Stadt beschossen, wir konnten den Kanonendonner hier hören. Was sollen wir zu diesen Dingen sagen? Ihre Bemerkung ist sehr richtig, und ich glaube, hätte einer unserer Christen Christenthum genug gehabt, den König bei der Hand zu nehmen, so würde er ohne Zweifel gehorcht haben; aber leider greift man zu anderen Mitteln. Auch hier wollen wir die Fußtapfen unseres Gottes wahrnehmen, wie die Sachen sich endigen, und welches die Wirkungen derselben seyn müssen. Umsonst hat es Gott gewiß nicht zugelassen. Die Abgötterei hat im Reiche Tanjore tiefe Wurzeln geschlagen und wer weiß, ob Gott die gegenwärtige Noth nicht dazu gebrauchen wird, um sie nach und nach auszurotten. Wir beten und wollen immerfort beten: Dein Reich komme! zu uns, zu den Einwohnern von Tanjore, zu allen Menschen."

Ein späterer Brief vom 26. Sept. aus Tritschinopoli enthält die Stelle: „Die Angelegenheiten von Tanjore kommen mir stündlich in den Sinn. Die Armee hat sich nun um die Stadt gelagert und das Haus unseres Freundes, des Kapitäns Berg, ist der nächsten Gefahr ausgesetzt.

7. Der Fels in Ungewittern.

Wenn ich bete, weiß ich nichts Anderes zu sagen als: Dein Wille geschehe! Wer weiß, was Gott bei diesen Gerichten für die Ausbreitung Seines Reiches im Sinne hat. Möge Er mir mehr Kraft und Gnade geben, mit aller Freimüthigkeit die Botschaft des Heiles zu verkündigen!"

Schon seit 1766 war Gericke zum Missionsdienste nach Indien gekommen, ein Mann, mit welchem Schwartz sich brüderlich innig befreundete und bis zu seinem Ende in nächstem Verkehre blieb. Dieser nähere Verkehr ward dadurch herbeigeführt, daß Gericke im Jahre 1773 von Cubbalore nach Tritschinopoli versetzt wurde, wo er die vielseitigen Missionsgeschäfte mit brüderlicher Treue versah, während Schwartz Monate lang in Tanjore verweilen mußte. Der Gegenstand, der den dortigen Radscha bewog, den Missionär mehrmals nach Tanjore zu berufen und ihn dort bei sich zu behalten, war der Wunsch, daß Schwartz bei den drohenden Feindseligkeiten des Nabob von Carnatic die englische Regierung zu Gunsten von Tanjore stimmen möchte. „Padre," so sagte bei dieser Gelegenheit der König zu Schwartz, „ich setze mein ganzes Vertrauen in dich, weil du für das Geld unzugänglich bist." Schwartz hatte Grund, das Geschäft dieser schwierigen Vermittelung mit dem sehr zweideutig sich benehmenden Gouvernement der englisch=ostindischen Kompagnie als unverträglich mit seinem Berufe abzuweisen.

Der Nabob von Arcot hatte unter dem Vorwande, daß ihm ein pflichtschuldiger Tribut vom Radscha von Tanjore nicht bezahlt worden sey, ein Kriegsheer zusammengezogen und im Einverständnisse mit der brittisch=ostindischen Kompagnie sich der Stadt so wie des Herrscherthrones des Radscha bemächtigt. Vergeblich waren alle Vorstellungen des Radscha; dieser und seine Familie wurden im Fort zu Gefangenen gemacht, der Nabob bemächtigte sich aller Güter und Schätze wie der Einkünfte des Landes. Der Nabob von Arcot und seine Söhne, obgleich sie den Missionär Schwarz mit vieler äußeren Höflichkeit behandelten, waren dennoch den Arbeiten desselben unter dem Volke von Herzen abgeneigt und das Gebäude, das in Tanjore zum christlichen Gottesdienste gebraucht worden war, wurde alsbald niedergerissen. Vergeblich versuchte Schwarz im Jahre 1774, von dem Nabob, den er zweimal deshalb in Madras besuchte, ein Stück Boden in Tanjore zum Aufbau einer kleinen Kirche zu erhalten, sein Gesuch wurde ihm abgeschlagen.

Die Absetzung des Radscha von Tanjore und die räuberische Besitznahme seines Landes durch den Nabob von Arcot war von der damaligen brittischen Regierungsbehörde zu Madras nicht nur begünstigt, sondern durch den Beistand ihrer Kriegsmacht erzwungen worden. Diese schreiende Ungerechtigkeit, diese Schmach für Brittaniens Namen wurde im Jahre 1776 der Gegenstand ernster Erörterungen im englischen Parlament. Wie viel Mühe auch der Nabob von Arcot anwendete, um sich im Besitze seines Länderraubes zu erhalten, so siegte dennoch die Stimme der Gerechtigkeit; der Regierung zu Madras kam der gemessene Befehl zu, den Radscha Tuldschadschi wieder in seine rechtmäßige Herrschaft einzusetzen. Dieses geschah im April 1776 und damit nahmen die Angelegenheiten der evangelischen Mission in Tanjore wieder eine günstige Wendung. Die Brüder in Tranquebar machten es jetzt, durch Sendung des Missionärs Pohle nach Tritschinopoli, möglich, daß Schwarz, seinem Wunsche gemäß, im Jahre 1777 sich ganz nach Tanjore übersiedeln konnte.

Die nachstehenden Stellen aus einem Briefe desselben

7. Der Fels in Ungewittern.

vom Januar 1778 an Freylinghausen zu Halle mögen uns einen Blick thun lassen in die dankbare Stimmung des glaubenstreuen Mannes.

„Gepriesen sey Gott für seine überschwengliche Gnade, durch welche die Missionsbrüder sammt mir am Leben erhalten, unterstützt, geleitet und getröstet worden sind. Wer sind wir doch, daß Er von einem Tage zum anderen uns so viel unverdientes Gute zufließen läßt! — — Die verschiedenen Gemeinden zu Tritschinopoli, Vellum und Tanjore gehen nicht nur ungehemmt ihren regelmäßigen Gang fort, sondern haben kürzlich einen Zuwachs von fünfzig neuen Mitgliedern erhalten. Die Schulen werden mit gutem Erfolge fortgesetzt, doch muß ich mit Bedauern bemerken, daß der jüngere Lehrer der englischen Schule seine Entlassung begehrte, weil ihm eine einträglichere Stelle angetragen worden ist. Auch der ältere Lehrer will ein Kaufmann werden. Der wahre Werth der Rettung unsterblicher Menschenseelen ist diesen Leuten noch nicht im rechten Lichte in der Seele aufgegangen. Da sie so Viele um sich her wahrnehmen, denen es bloß um's Geldsammeln zu thun ist, so sind auch sie nach irdischem Besitze lüstern geworden. Möge der gnadenreiche Gott nur uns nicht verlassen." —

„Von dem Könige von Tanjore kann ich gegenwärtig nicht viel Gutes sagen. Vormals standen ihm die Brahminen im Wege und jetzt — — Aber lassen Sie uns nicht vergessen, daß Gott alle Dinge möglich sind. Er hat Wege und Mittel genug in Seiner Hand, um der Verbreitung des Evangeliums in den verschlossenen Herzen neue Bahn zu brechen." —

In einem späteren Briefe an Herrn Chambers schreibt Schwarz: —— „Den Radscha habe ich seit dem

Februar nicht mehr gesehen. Er hat noch zwei Weiber genommen, lebt in Ausschweifungen und überläßt sich, wie die Leute sagen, der Trunkenheit. Er ist überall von schlechten Menschen umgeben und um die ganze Wahrheit zu sagen, so soll die Weise, wie viele Europäer sich gegen ihn benahmen, ihn sehr zurückgestoßen haben. Sie wissen ja, mein theuerer Freund, wie die meisten unserer Landsleute leider eben nichts nach Dem fragen, was Christi ist."

Von diesen Europäern und sogenannten Christen, welche an dem Unrechte, das man an dem Radscha begangen hatte, einen für diesen sehr schmerzlichen Antheil genommen hatten, und großentheils auch durch ihren äußeren Wandel den Namen Christi entehrten, machte unter Anderen Major Stevens bei dem englischen Militär in Madras eine erfreuliche Ausnahme. Nach der Wiedereinsetzung des Radscha ließ er statt der von dem Nabob von Arcot niedergerissenen Kirche ein neues Gotteshaus in der Festung erbauen. Für den schnellen Anwachs der Gemeinde gewährte jedoch dieses Gotteshaus bald nicht mehr den nöthigen Raum und Schwartz mußte an den Aufbau einer größeren Kirche denken. Obgleich die Mittel, welche durch eine Subskription in seine Hände kamen, die nöthigen Ausgaben nicht deckten, begann der arme Missionär dennoch das Werk in vollem Vertrauen auf die Hülfe Gottes. Der General legte im März 1779 den Grundstein und Schwartz hielt der versammelten Garnison eine Predigt über den 67. Psalm. Bald hernach kam es ihm zufällig zu Ohren, daß der General, welchem er durch Uebersetzungen und andere Hülfeleistungen im Lager manchen Dienst erwiesen habe, damit umgehe, ihm von der Regierung zu Madras eine Geldbelohnung zu verschaffen. Alsogleich schrieb Schwartz nach Madras, wies den Empfang eines

Geschenkes entschieden ab, bat sich aber für den Bau seiner Kirche eine unentgeltliche Lieferung von Ziegelsteinen und Lehmen aus, davon große Vorräthe in der Festung aufgehäuft lagen.

So hatte der Herr der Kirche in allen Ungewittern der damaligen Gefahren die Seinigen, so wie ihr Werk, unversehrt erhalten. Denn ihre persönliche Sicherheit so wie das Bestehen ihres in Gott gethanen Werkes war auf einem Felsen gegründet, den die Wogen nicht erschüttern, die Winde nicht umwerfen können. —

8. Ein Weg voll Gefahren.

Der Weg zu der Höhle eines allgefürchteten Löwen, zu dem Throne eines Helden der damaligen Tage, dessen Schwert vom Blute der Völker troff, war nicht nur an äußeren Gefahren reich, sondern mehr noch durch jene Gefahren bedenklich, in welche ein unbewachtes Menschenherz durch die Höhen äußerer Ehren gerathen kann, auf welche es geführt wurde. Aber die innere Herzensstimmung unseres Ch. Fr. Schwarz blieb unverrückt dieselbe, welche uns die hier nachstehende Stelle eines etwas früheren Briefes an seinen Freund Chambers erkennen lässet.

— — „Wenn ich die Evangelisten und besonders die letzten Reden des Heilandes an seine Jünger lese, so kommt mir vor, daß sie fast in lauter Ermahnungen zur Demuth bestehen. — — O wie nöthig ist es doch, würdig unseres Berufes zu wandeln, zu welchem Gott uns berufen hat. Um dies thun zu können, wird uns im Worte Gottes (Eph. 4, 1—6) Demuth vorangestellt, auf diese folgt Sanftmuth als eine Frucht derselben. Das Beispiel Jesu Christi wird uns zur Nachahmung empfohlen; möge uns der Geist Christi immerdar leiten und stärken." — Doch wir kehren zu unserer Geschichte selbst zurück. — Gleich einem mächtigen Kometen, von dessen Daseyn im dunklen Weltraume die Sternkunde vorher nichts wußte, trat im Jahre 1766 ein Mann von seltenen Gaben und unbekanntem Herkommen, als großer Fürst unter dem Haufen der kleineren hervor, der diese Kleinen durch den Glanz seiner Thaten aus ihrem langen, nächtlichen Schlafe weckte. Und wer war dieser Hyder Ali, der Thronräuber von Mysore, der Ueberwältiger von Calicut, Bednor, Onor, Cananor, der Schrecken der ohnmächtigen, kleinen Hindureiche, weit um Mysore her? War er nicht doch der Abkömmling einer dieser Fürsten oder wenigstens ein Hindu aus der edlen Kaste der Krieger? Er war keines von beiden; er verhehlte es nicht, daß sein Vater ein kommandirender Hauptmann in der Bergveste Bangalur gewesen sey, ein Mohamedaner, der nie vor Brahma sich beugte und, so scheint es, ein Fremdling von persischer Abkunft. Hyder Ali, im Jahre 1718 geboren, fühlte sich schon, als er kaum dem Knabenalter entwachsen war, in den Mauern der Bergveste zu beengt, das Gerücht von den Waffenthaten der Franzosen in Indien war zu seinen Ohren gekommen, er suchte und fand Dienste in ihrem Heere, lernte bei ihnen die vollkommenere Waffen- und Kriegskunde und ward in beiden so tüchtig, daß er zur Stelle eines Befehlshabers in dem Heere von Mysore aufstieg. Er aber in der Einführung der Ordnung und Mannszucht bei seinen Soldaten wollte selber und allein befehlen, er entfernte deßhalb den schwachen Landesfürsten von der Regierung, hielt denselben als einen Staatsgefangenen und fing erst dann an, mit unumschränkter Macht als König von Mysore zu herrschen. Hyder's kriegerische

8. Ein Weg voll Gefahren.

Unternehmungen wurden von den Franzosen hülfreich unterstützt; aber schon für sich allein hatte er sich als tapferer, kühner Feldherr, an der Spitze eines wohlgeübten, in europäischer Weise geordneten Heeres seit dem Jahre 1767 zu einer Macht erhoben, welche nicht nur den Fürsten Indiens, sondern selbst den Engländern Achtung gebietend und furchtbar gegenüberstand.

Eine Achtung vor den geistigen Gaben des Mannes wäre übrigens auch in anderer Hinsicht keine unverdiente gewesen. Bei all' der Strenge, mit welcher er in seinem Regimente die Ordnung erhielt und übte, so furchtbar und fast grausam sie auch den Uebertretern erschien, zeigte er sich dennoch als ein Mann von natürlich edlem Herzen, der für die Anerkennung des höchsten Adels der Menschennatur, welche die Wahrheit der Seele gibt, nicht unempfänglich war. In seinem Lande beförderte er Kultur, das Aufleben der Künste und des Handels, schützte die Religion, ohne Ansehen der Parteien, wenn sie nur mit seinen Landesgesetzen nicht in feindseligen Widerspruch traten. Namentlich hatten die evangelischen Missionäre sich dieser Milde zu erfreuen.

Zu diesem Manne wurde Schwartz im Jahre 1779 von dem englischen Gouvernement in Madras gesendet, um mit ihm, dessen Macht zu einer gefahrdrohenden Höhe angestiegen war, ein friedliches Verhältniß zu vermitteln. So entschieden der vielgeschäftige Missionär bei mehreren anderen Gelegenheiten alle Einmischung in politische Händel von sich gewiesen hatte, konnte er dieses dennoch nicht in dem damaligen Falle. Er hatte die Sache in ernstlichem Gebete erwogen. Ein neuer Krieg in Tanjore mußte nicht nur das Land und seine Bewohner in das äußerste Elend bringen, sondern auch dem wieder neu auflebenden Werke der christlichen Missionen verderblich werden. — „Ich

8. Ein Weg voll Gefahren.

hielt es für meine Pflicht," so schreibt er an einen Freund, „die Sache nicht von mir abzulehnen. Diese Sendung zu Hyder hat es ja nicht mit politischen Kunstgriffen zu thun. Die Segnungen des Friedens zu bewahren ist der einzige Zweck derselben und ich darf glauben, daß dieser Zweck von Seiten der brittischen Regierung redlich gemeint ist. Sollte Gott, nach dem Reichthum Seiner Gnade mich als Werkzeug gebrauchen wollen, um die Wohlfahrt des brittischen Indiens zu fördern, so darf ich mich nicht entziehen, und den Gefahren des Unternehmens, die mir klar vor Augen stehen, ausweichen. Ich wage es deshalb in vollem Vertrauen auf den väterlichen Schutz meines Gottes. Ueberdies wird mir auf diesem Wege die erwünschte Gelegenheit zu Theil, das Evangelium Gottes meines Heilandes in vielen Gegenden zu verkündigen, wo es nie zuvor bekannt geworden ist. — Zugleich beschloß ich, meine Hand von jedem Geschenke unbefleckt zu erhalten, auch hat mich wirklich der Herr in den Stand gesetzt, bei diesem Vorsatze zu bleiben, so daß ich nicht einen Pfennig mehr als meine bloßen Reisekosten in Empfang genommen habe."

In Begleitung seines tüchtigen Katechisten Sattinaden trat Schwartz seine Gesandtschaftsreise in den ersten Tagen des Juli 1779 an. Am 6. des Abends kamen sie zu Caroor an, welches, 16 Stunden von Tritschinopoli entfernt, eine Gränzfestung der mächtigen Ländergebiete des Hyder Ali war. Hier mußten sie einen Monat lang verweilen, um von Hyder Ali die nachgesuchte Erlaubniß zu erhalten, in seinem Lande weiter reisen zu dürfen. Es war für Schwartz keine verlorene Zeit. Er unterrichtete einige seiner Diener und taufte sie, und den Einwohnern umher verkündigte er mit seinem Katechisten die Majestät Gottes, das tiefe Verderben des Menschen, den

8. Ein Weg voll Gefahren.

mächtigen Erlöser und die Nothwendigkeit der Buße so wie des Glaubens an Christum. Bei seinen Vorträgen war die Straße oft mit Menschen angefüllt und viele horchten aufmerksam zu. Ein Brahmine sagte: „Das ist tiefe Weisheit." Einige sagten, sie müßten zwar die christliche Lehre als gut erkennen, doch sey es ihnen widerlich, dieselbe von Europäern zu empfangen; würde sie von Brahminen geprebigt, so würde sie ihnen willkommen seyn."

Erst am 6. August durfte Schwartz mit seinem Katechisten die Reise fortsetzen. Er fand überall auf seinem Wege Gelegenheit, großen Schaaren von Heiden zum ersten Male die Freudenbotschaft von Christo zu verkünden. — Eine wohlthuende Erquickung gewährten solche parabiesisch schöne Gegenden wie die von Bowany, einer Insel im Caveryflusse. Solche Erfrischungen der Glieder zeigten ihre kräftig nachhaltende Wirkung, als die Reisenden zu dem Engpasse zu Guzulhatti kamen, der in's Gebirge führt. Die Hitze war ausnehmend groß und furchtbare Berge erhoben sich vor den Augen der Reisenden. „Früh Morgens am 18.," so schreibt Schwartz, „machten wir uns auf den Weg, nicht ohne viele Besorgnisse und darum auch nicht ohne inbrünstiges Flehen zu dem Herrn um Seinen väterlichen Schutz. Viele Einwohner begleiteten uns, von denen mehrere brennende Holzfackeln trugen, um die Tiger im Walde zurückzuscheuchen. Nur allmählig steigt man den an manchen Stellen steilen Berg hinan. Die Schluchten und Abgründe, an denen der Weg vorüberführt, sind so fürchterlich, daß man nicht ohne augenblicklichen Schwindel in sie hinabblicken kann; zudem ist der Pfad an vielen Stellen so schmal, daß ein einziger falscher Fußtritt unausbleibliches Verderben nach sich ziehen würde. — Glücklicherweise wurden die gefährlichsten Stellen durch das

8. Ein Weg voll Gefahren.

dicke Gebüsch dem Auge verdeckt. Als wir zur Hälfte den Berg hinaufgestiegen waren, hob sich die Sonne empor. Staunen und Bewunderung Gottes ergriff meine ganze Seele, als ich die zahlreichen Bergspitzen und die dazwischen liegenden Thäler überblickte. Ich konnte mich an dieser Aussicht nicht satt sehen und alle Furcht vor den Tigern war verschwunden. Wir verkündeten hier dem Volke die Macht, die unbeschreibliche Majestät und die Größe unseres Gottes. Diese Berge, welche den Wanderer ermüden, und diese herrlichen Thäler sind Sein Werk; Er hat sie geschaffen, um seine Ehre zu verkündigen. Aber der arme, verkehrte Mensch blickt hinweg von diesen Wundern Gottes und schafft sich mit seinen eigenen Händen alberne Bildnisse, zu denen er spricht: ihr seyd meine Götter." — —

Um 9 Uhr Vormittags war der Engpaß mit seinen sieben aufeinander gethürmten Anhöhen überstiegen. Damals schwärmten in diesen Bergschluchten noch Tausende von Tigern umher; die Leute, welche zur Begleitung gehörten, hatten heute nur einen einzigen gesehen. Mehrmals fand Schwartz auf der Weiterreise Gelegenheit, den Heiden das Evangelium zu verkünden; den Sonntag feierten sie im Schatten der Bäume am Ufer eines Flusses. Eine Brücke führte hinüber, die auf 23 Pfeilern ruhte, ein Aufseher muß an diesen die Wirkung jedes Regengusses beobachten, denn es war, so berichtet Schwartz, eine Regel in Hyder's Staatshaushaltung, alles Schadhafte sogleich wieder auszubessern und so Alles in fortwährend gutem Stande zu halten. — Wie unbeschreiblich herrlich ist in der Nähe der Festung von Mysore die Umgegend! In der Festung selber steht der schöne Palast des Hyder Ali, am Ende einer Pagode der alte Palast der vormaligen Könige. In diesem hauste der frühere Herrscher des Lan-

8. Ein Weg voll Gefahren.

des als Staatsgefangener, im Genusse eines ansehnlichen Jahresgehaltes, mit seiner Dienerschaft. Hyder Ali besuchte denselben zuweilen und blieb bei diesen Besuchen wie ein Diener, ehrerbietig aufrecht stehen. Hyder's Palast gegenüber ist ein großes Viereck, auf dessen beiden Seiten offene Wohnungen sich finden, in denen die höchsten Kriegs- und Civilbeamten ihre bestimmten Plätze haben. Der strenge Herrscher konnte seine Leute, wie er mochte, im Auge behalten und überwachen. Er beherrschte allerdings auch diese seine höchsten Beamten zunächst mit Furcht und Schrecken, dazwischen auch mit Belohnungen. Selbst seine eigenen Söhne und Schwiegersöhne mußten, wenn sie etwas nicht recht gethan, ihr Versehen durch Peitschenhiebe büßen, wie jeder andere seiner Diener.

Schwartz durfte gleich nach seiner Ankunft ungehindert den Offizieren und Soldaten in der Festung das Evangelium von Christo verkünden. Dieses geschah meist in persischer Sprache, denn ein großer Theil der Soldaten des Hyder Ali waren von persischer Abkunft. Er durfte dieses selbst im Palaste des Fürsten thun; den Gesprächen über Religion war vor allen anderen Gesprächen jede Freiheit verstattet. Außerhalb des Forts standen mehrere Hundert europäische Soldaten im Lager. Es waren Franzosen und Deutsche, welche letztere ein Hauptmann, Namens Buben, befehligte. Unter den Truppen im Lager fanden sich auch einige malabarische Christen, welche Schwartz in Tritschinopoli unterrichtet hatte. Diese, so wie seine europäischen christlichen Mitbrüder, hier im fremden Lande so ohne alle Belehrung und Erbauung aus Gottes Wort zu wissen, das that dem Herzen des treuen Sendboten wehe. Er setzte bei seinen bekehrten Malabaren den Unterricht fort und der Hauptmann Buben räumte ihm sein

8. Ein Weg voll Gefahren.

Zeit ein, zum sonntäglichen Gottesdienste, für alle hiernach Verlangende. Ohne dazu den Hyder Ali um seine Erlaubniß zu ersuchen, sang und betete hier Schwarz mit der kleinen Gemeinde seiner armen Landsleute und verkündigte diesen das Wort Gottes, ohne daß es einem Menschen einfiel, dieses Werk zu hindern, was Schwarz mit Recht als eine gnädige Leitung Gottes dankbar rühmt. Selbst der Sohn des Hyder Ali (Tippo Sahib's Bruder) nahte sich mit freundlichem Vertrauen dem Missionär. Dieser aber gibt uns vor Allem die Beschreibung des persönlichen Eindruckes, welchen Hyder Ali auf ihn machte, die wir nachstehend mittheilen wollen.

„Als ich," so erzählt er, „zur Audienz bei ihm zugelassen wurde, hieß mich Hyder neben ihn auf dem Boden sitzen, der mit den reichsten Teppichen bedeckt war; auch wurde nicht von mir verlangt, meine Schuhe abzuziehen. Er horchte auf Alles, was ich ihm zu sagen hatte, drückte sich sehr freimüthig und offen aus, und sagte mir, daß, obgleich die Europäer ihr gegebenes Versprechen gebrochen hatten, er dennoch bereit sey, in Frieden mit denselben zu leben. Nun wurde mir ein Schreiben vorgelesen, das auf seinen Befehl verfertigt worden war. „„In diesem Schreiben,"" sagte er, „„habe ich das Wesentliche unserer Unterhaltung angegeben. Sie werden aber persönlich weitere Erörterungen hinzufügen."" Hyder schien mit diesem Ausdrucke meinen Besuch als Einleitung zu einem Friedensbündnisse zu betrachten, aber der Nabob von Madras wußte alle diese Absichten zu vereiteln."

„Während ich neben Hyder Ali saß, mußte ich erstaunen über die Geschwindigkeit, mit welcher alle Staatsgeschäfte abgemacht wurden. Kaum hatte er aufgehört, mit mir zu reden, da lasen ihm seine Staatssecretäre einige

8. Ein Weg voll Gefahren.

Briefe vor, und augenblicklich dictirte er ihnen eine Antwort in die Feder. Jetzt eilten sie hinweg, schrieben die Briefe in's Reine, lasen sie ihm vor, und er selbst drückte sein Siegel darauf. Auf diese Weise wurden in jenen wenigen Abendstunden viele Briefe ausgefertigt. Hyder selber aber kann weder lesen noch schreiben. Aber er hat ein vortreffliches Gedächtniß und man wagt es nicht leicht, ihn zu hintergehen. Er befiehlt dem Einen, ihm einen Brief zu schreiben, den er ihm vorlesen muß; jetzt wird ein Anderer herbeigerufen, der ihn zum zweiten Male lesen muß. Hat nun der Sekretär seinen Sinn nicht genau getroffen, oder ist er im Geringsten vom gegebenen Befehle abgewichen, dann hat er es mit seinem Kopfe zu büßen."

„Häufig saß ich mit Hyder in einer auf Marmorsäulen ruhenden Halle, welche in einen Garten sich öffnete, der, obgleich klein, doch niedlich mit Bäumen angelegt war, auf welchen sich zweierlei Früchte gepfropft fanden. Ich sahe eine Anzahl Knaben Erde in den Garten tragen und erfuhr, daß es Waisen waren, welche Hyder auf seine Kosten nähren und kleiden ließ und die zu Soldaten herangezogen wurden. Diese Sorge für arme Waisen gefiel mir, und wie sehr wünsche ich, daß die brittische Regierung wenigstens in diesem Stücke ihm nachahmen und der indischen Jugend Gelegenheit zu einer christlichen Ausbildung verschaffen möchte. Also geziemt es der brittischen Nation, und Gott wird es von ihren Händen fordern. Hat Er sie doch darum mit Macht ausgerüstet, nicht um sich selbst, sondern den Namen Gottes zu verherrlichen und Ihm zu dienen."

„Als ich am letzten Abende Abschied von Hyder nahm, ersuchte er mich, persisch vor ihm zu reden, wie ich es, (ihnen von Christo zeugend) mit einigen seiner Hofdiener gethan hatte. Ich that es, und setzte ihm die Beweggründe meiner Reise auseinander. „Sie wundern sich vielleicht, daß ich, ein Diener Gottes, der nichts mit politischen Dingen zu thun hat, veranlaßt werden konnte, zu Ihnen zu kommen mit einem Auftrage, der nicht eigentlich zu meinem Priesterberufe gehört. Da man mir aber klar und deutlich gesagt hat, daß der einzige Grund meiner Reise die Erhaltung und Befestigung des Friedens sey, und da ich mehr als einmal Augenzeuge war von dem Elende und den Schrecknissen, welche der Krieg verbreitet, so dachte ich bei mir selbst, wie glücklich ich seyn würde, wenn ich ein Werkzeug werden dürfte, ein festes Freundschaftsband zwischen beiden Regierungen zu knüpfen und auf diese Weise die Segnungen des Friedens diesem geliebten Lande und seinen Einwohnern zu sichern. Dieses betrachtete ich als einen Auftrag, welcher mit meinem Berufe, ein Verkündiger der Religion des Friedens zu seyn, keinesweges im Widerspruche stehet. — „„Gut, sehr gut,““ fiel mir Hyder mit großer, wahrhafter Herzlichkeit in's Wort; auch ich theile dieselbe Ansicht mit Ihnen und mein einziger Wunsch ist, daß die Engländer in Frieden mit mir leben möchten. Bieten sie mir die Hand der Eintracht dar, so werde ich die meinige nicht zurückziehen, vorausgesetzt daß"" — — Dieses geheimnißvolle „„vorausgesetzt daß"" ist nie in's Licht hervorgetreten. — „Ich nahm nun meinen Abschied," fügt Schwarz hinzu, „und bei meinem Hineintreten in meinen Palankin fand ich 300 Rupien, welche er mir gesendet hatte, um die Kosten der Reise damit zu bestreiten." —

Wir erwähnten bereits oben (S. 50), daß Schwarz, so sehr er sich dagegen sträubte und so schwer es ihm ankam, dennoch, um das Leben der hohen Offiziere, die ihm das Geld brachten, nicht in Gefahr zu setzen, das Geschenk

annehmen mußte, daß er aber gleich nach seiner Heimkunft
die Summe von 300 Rupien gewissenhaft, zum Aufbau
und zur Ausstattung eines Hauses für Waisen anwendete,
wozu ja selbst Hyder Ali's Beispiel ihn ermahnen konnte.

Zu dem vorstehenden Berichte über die Gesandtschaft
des Missionär Schwarz an Hyder Ali setzt der Be=
schreiber seines Lebens noch die nachstehenden Bemerkungen
hinzu: „Man erkennt es zwar schon im Allgemeinen als eine
eigenthümliche Gabe der Bewohner von Indien, daß sie mit
großer Leichtigkeit die Sinnesart Anderer durchschauen,
aber als ein ganz besonders großer Meister in dieser Kunst
war Hyder Ali bekannt. Derselbe wußte von dem ersten
Augenblicke der gegenseitigen Bekanntschaft an, was in
Schwarz sey. Dieser, das fühlte er, ging mit keinem
Betruge um, wollte ihm nicht lügen noch heucheln, sondern
was er sagte, das war recht und wahr und wohlgemeint.
Hätte die Regierung zu Madras den Charakter und die
Pläne Hyder Ali's eben so gut erfaßt und wäre sie
mit dem Aushängeschilde des Friedens eben so redlich umge=
gangen, als ihr Abgeordneter dies that, dann würde das
unselige Geschick des Krieges, das bald hernach über die
Ländergebiete von Carnatic losbrach, zurückgehalten oder
gänzlich abgewendet worden seyn." Freilich konnte Hyder
Ali der brittischen Regierung in Madras es nicht zeigen,
ob es ihm mit seinen friedlichen Anerbietuugen ein rechter
Ernst gewesen sey oder nicht, denn die Engländer hatten
leider zuerst zu der Seite von Hyder's Feinden sich hin=
geneigt; daß aber sein Vertrauen und seine Zuneigung zu
Schwarz unverändert dieselbe geblieben sey, das bewies
er durch Wort und That. Denn als der mächtige Eroberer
mitten auf seiner blutigen und zerstörenden Laufbahn in
die Gegenden kam, in denen Schwarz sein geistiges Ar=

8. Ein Weg voll Gefahren.

beitsfeld hatte, gab Hyder allen seinen Offizieren den bestimmtesten Befehl: „den ehrwürdigen Padre Schwarz überall in seinem Heere unbeläſtigt herumgehen zu laſſen, und ihm Achtung und Freundlichkeit zu erzeigen, denn, so sagte der geſtrenge Herrscher, aus deſſen Mund man ſonſt ſchwerlich das Lob eines Menschen vernahm, „der Padre Schwarz iſt ein heiliger Mann." — Ueberhaupt, ſo kann man ſagen, genoß Schwarz in der damaligen gefahrvollen Zeit der blutigen Kämpfe die Hochachtung aller ſtreitenden Partheien und keine derſelben hegte ein Mißtrauen gegen ſeine unbeſtechlich treue Redlichkeit. Namentlich aber konnte er, ohne das geringſte Hinderniß, mitten im feindlichen Lager, in Hyder's Heere umherziehen und das Zartgefühl der Barbaren war ſo groß gegen ihn, daß der wachthabende Offizier, wenn er auch Schwarzens Palankin da und dort zurückhalten mußte, doch immer ſich damit entſchuldigte, daß er wegen ſeiner Weiterreiſe Befehle abwarten müſſe. Auf dieſe Weiſe konnte der treue Mann zu einer Zeit, wo das ganze Land von Hyder Ali's Truppen beſetzt war, ſeine friedlichen Arbeiten unter den Heiden, die ihn nur „den guten Vater" nannten, mitten im Kriegsgetümmel fortſetzen.

Ja, die Wirkſamkeit dieſes geiſtlichen Vaters vieler Seelen zur Ausgeburt der Heiden in das neue Leben, das aus Chriſto kommt, war noch niemals ſo kräftig und ausgedehnt geweſen, als in dieſen Tagen. Zugleich hat auch damals ſeinen Namen ein Glanz der Anerkennung und Ehren der Welt umgeben, deſſen äußere Vortheile er eben ſo wenig als die Geſchenke an Geld für ſeine eigene Perſon, ſondern nur für das Haus ſeines Herrn benutzte. Selbſt die indo-brittische Regierung zu Madras, deren ungünſtigen, hemmenden Einfluß er früher in mancherlei

Weise hatte erfahren müssen, sah sich zu einer ehrenden Anerkennung gegen Schwartz bewogen. Ihr Geschenk zwar zum Lohne der Dienste, die er ihr bei seiner Gesandt= schaft erwiesen, nahm er für seine Person nicht an, wohl aber als einen Beitrag zur Ausführung kirchlicher und milbthätiger Zwecke, so wie zum Dienste und Nutzen be= dürftiger brittischer Angehörigen in Tanjore.

9. Das Bestellen des Hauses.

Die ausführliche Geschichte der Kriege, deren Gräuel und Jammerscenen Schwartz in den letzten Jahren seines Lebens zum großen Theile noch mit eigenen Augen sehen mußte, liegt außer dem Kreise unserer Aufgabe. Diese soll uns keine andere seyn als die Betrachtung des Vorbildes eines treuen Haushalters und Knechtes im Hause seines Herrn, welcher, als ihm der Abend nahete, nur desto wach= samer und eifriger wurde in seinem Dienste, damit sein Herr, wenn Er käme, ihn nicht schlafend finden möchte. Der Spruch: „bestelle dein Haus, denn du mußt sterben" ward dem Vater Schwartz ohne Aufhören in Erinne= rung gebracht, seitdem er in die Tage trat, von welchen es heißt: sie gefallen mir nicht; das öfter wiederkehrende Gefühl der Abnahme seiner vielgebrauchten Kräfte, die Noth und Schrecknisse von außen, trieben ihn mehr denn jemals zur Einkehr in sein eigenes Herz so wie in die Sorge für das Haus, für welches er zunächst als Wächter hingestellt war: das Arbeitsfeld seiner Missionen in Tanjore.

Wir dürfen hier wohl, nachträglich zu der Schilderung des Empfanges des Missionär Schwartz, bei Hyder Ali, noch eines Umstandes erwähnen, welcher diesem freund= lichen, zutraulichen Empfange von Seiten des gewaltthäti=

gen Herrschers noch eine besondere Bedeutung gibt. Denn wir lernen daraus die Macht kennen, welche der wahre Christenglaube dem Menschen, der ihn besitzt, über Menschenseelen gibt, in denen das Gefühl für Wahrhaftigkeit nicht erstorben ist. Durch ein (scheinbar) sehr unglückliches Zusammentreffen war Schwartz in der Residenz des Hyder Ali gerade in der Zeit angelangt, als dieser die Botschaft erhielt von dem unerlaubten Durchzuge einer Abtheilung brittischer Truppen durch sein Land. So sehr ihn diese Falschheit einer fremden Regierung, während sie friedliche Gesinnungen gegen ihn heuchelte, erbittern mußte, benahm er sich dennoch huldreich und herablassend gegen den ehrwürdigen Missionär. Denn dieser, das fühlte er, meint wahr und aufrichtig nur das, was er sagt. Wohl aber ließ der mächtige Eroberer seinem Zorne freien Lauf in dem Schreiben an den brittischen Gouverneur zu Madras, welches er Schwartz mitgab, und auch dieser, als er persönlich nach Madras kam, ließ es an Warnungen nicht fehlen. Diese jedoch blieben unbeachtet.

Während das Ungewitter schon in der Nähe sich zusammenzog, blieb Schwartz unablässig bei seinem nächsten Berufe: bei der Sorge für seine Gemeinde in Tanjore. Der Bau der Kirche im Fort der Stadt wurde von ihm vollendet, ein anderer Kirchenbau in der Vorstadt für die tamulische Gemeinde wurde unter seiner Leitung begonnen. Neben der Sorge für das Ganze versäumte er auch nicht die für die einzelnen Seelen seiner Gemeinden. Dieses bezeugt uns sein Brief an einen seiner jungen Freunde: den Sohn des Oberst Wood, der ihm in jugendlichem Selbstgefühle seine Fortschritte in nützlichen Kenntnissen und selbst in der Singkunst gemeldet hatte. Schwartz erkennt alles Löbliche in diesem Berichte mit väterlichem Wohlgefal-

9. Das Bestellen des Hauses.

len an, erinnert aus eigener Erfahrung an die Freude und den Segen, die ihm das Erlernen der Singkunst gebracht habe, als er, wie er noch fortwährend zu thun pflege, den malabarischen Kindern Loblieder auf ihren Erlöser gelehrt habe. „Alles (so fährt er in seinem väterlichen Briefe fort) kann für uns und Andere nützlich werden. Aber, mein lieber junger Freund, es kommt vor Allem darauf an, daß unser Herz wahrhaft gebessert werde. Uebergib das deinige deinem Gott und Heiland und bitte Ihn, dich zu reinigen von allen deinen Sünden. Habe keine Ruhe, bis du Ruhe gefunden hast für deine Seele. — — Durch das Lesen des Wortes Gottes und durch herzliches Gebet wird dir jeden Tag die Kraft zufließen, in Gottes Wegen munter vorwärts zu schreiten. Unsere Zeit ist kurz, die ernste Ewigkeit vor der Thüre." — —

Die letzten Worte dieses Briefes scheint Schwartz im Gefühle einer Anwandlung von Krankheit geschrieben zu haben, die, mit gefährlichem Anscheine beginnend, dennoch ohne weitere Folgen vorüber ging. Er hatte jetzt nicht Zeit, an sich selber und an sein eigenes Leib zu denken, sondern nur an das allgemeine Leid, das die Bewohner des Landes traf, welches seiner Sorge empfohlen war. „Was ist," so schreibt er in einem Briefe an seinen Freund Chambers, „nun zu thun? Ich rufe mit dem Propheten Jeremias: Sey mir nur nicht schrecklich, Herr, mein Gott. — Diese Noth kommt vom Herrn, und gewiß hat Er dabei die Absicht, uns von unseren Sünden zu reinigen. Die Heiden, so wie die Namenchristen schlafen; ja sie sind todt und denken an Nichts als an die Dinge dieser Welt. Aber durch die sanfte Stimme Gottes wollten sie sich nicht aufwecken lassen aus ihrem Sündenschlafe, wer weiß, ob sie nicht aufwachen werden, wenn sie die donnernde

9. Das Bestellen des Hauses.

Stimme Seiner Gerichte vernehmen. — Unsere Gemeinde hat um mehr denn hundert Mitglieder zugenommen. Die Meisten derselben mag wohl die Hungersnoth zu uns hergetrieben haben, aber dennoch habe ich ihnen mehrere Monate lang den nöthigen Unterricht und während dieser Zeit auch die nöthigsten Lebensbedürfnisse gegeben. Ihr Unterricht war ungemein ermüdend und schwer, weil ihre Geisteskräfte durch die Hungersnoth sehr gelitten haben. Dennoch konnte ich mich nicht entschließen, diese armen Leute abzuweisen, von denen Viele nachher gestorben sind." — — „Wenn man," so schreibt er in einem späteren Briefe an einen anderen Freund, „bedenkt, daß Hyder Ali so viele Tausende von Einwohnern gefangen hinweggeschleppt hat, und daß viele tausend Andere an Hunger gestorben sind, dann kann man sich nicht wundern, nicht nur menschenleere Häuser, sondern gänzlich verödete Dörfer überall anzutreffen. — — Wir in der Festung haben an Hunger und Elend ausnehmend gelitten. Wenn ich des Morgens über die Straßen ging, dann lagen die Leichname in Haufen auf den Dungstätten. — — Gottes Gnade setzte mich in den Stand, auch für die Armen sorgen zu können, so daß 17 Monate lang große Haufen derselben von uns genährt wurden. Oft standen über 800 Arme und Hungrige vor unserer Thüre."

Hyder Ali, die Geißel der Völker, war gegen Ende des Jahres 1782 gestorben, sein Sohn, Tippo Sahib, hatte mit ihm den Haß gegen die Britten, so wie den kriegerischen Geist und Muth gemein; er wurde durch diese Eigenschaften einer der furchtbarsten Feinde der englischen Macht in Indien, um so furchtbarer, da die Franzosen, mit ihrem Heere und ihren Verbündeten in Indien, ihm kräftig zur Seite standen. Zu diesem Allen hatte die englische Regierung durch ihr zweideutiges, öfters wortbrüchiges Benehmen mit Recht den Zorn des mächtigen Gewalthabers von Myfore gereizt. Schwartz, den man abermals zur Friedensvermittelung aufforderte, spricht es offen in einem Schreiben aus, „daß der Vorwurf: die brittische Regierung pflege nie ihr gegebenes Wort zu halten, immer allgemeiner und lauter unter dem Volke werde." Tippo's Haß sprach sich jedoch durch Wort und That nicht nur gegen die Engländer, sondern gegen die Christen überhaupt aus. Schwartz schreibt von ihm im März 1784: „Das Elend des Landes ist groß. Tippo ist noch ein viel kühnerer und unternehmenderer Soldat, als es sein Vater war, und vermehrt seine Armee jeden Tag. Jeder Kommandant, der den Engländern eine Festung übergeben hatte, wurde auf seinen Befehl aufgehenkt. Nachdem er 12000 Kinder aus dem Lande Tanjore gefangen hinweggeschleppt hat, sind sie nun alle genöthigt worden, Mohamedaner zu werden. Er hat bis jetzt Alles gethan, was er konnte, um die römischen Katholiken in Malabar auszurotten, was ihm auch so weit gelungen ist, daß keiner es wagt, sich einen Christen zu nennen. Er will keine anderen Unterthanen als solche, welche Mohamedaner oder Heiden sind."

Auch nach einer bedenklichen Erkrankung in diesem Jahre ward Schwartz wieder so kräftig und stark, daß er in einer Gegend des größeren Marewar an die Verkündigung des Evangeliums durch eingeborene Lehrer denken konnte, welche in einem Seminare zu Tanjore gebildet werden sollten. Von seinem neuerwachten, freudigen Lebensmuthe zeugt ein Brief vom Ende des Jahres 1784, aus dem wir hier nur einige Worte mittheilen:

„Nunmehr ist mit Gottes Hülfe meine Gesundheit so weit wieder hergestellt, daß mir die Arbeit mehr Vergnügen als Last ist, was im April und Mai d. J. nicht der Fall war. Gebe Gott, der mir armen Sünder bisher so viel Gutes erzeigt hat, daß die letzten Tage meines Lebens wohl zugebracht werden, und ich meinen Beruf, wenn auch nicht mit Freuden, doch in Seinem Frieden vollenden möge. Uns ist aber nicht nur gestattet, es ist uns befohlen, im Herrn uns zu freuen. Keine Freude auf Erden hat so festen — guten Grund als die Freude, die wir im Herrn finden, der uns erkauft, erlöst, und jede wahre Glückseligkeit zubereitet hat." —

Seine Lust am Bauen der Kirchen war auch noch immer frisch geblieben. „Zum Baue einer malabarischen Kirche," so schreibt er, „hatte mir General Munro 50 Pagoden geschenkt, als ich aber fand, daß allein die Steine zum Fundamente derselben 25 Pagoden kosteten, da fürchtete ich, meine Mühle werde aus Mangel an Wasser stille stehen. Nun hatte mir der Radscha bei einem früheren Anlasse ein Paar mit Gold verbrämte Kleider geschenkt, diese nahm ich und brachte sie zu einem Händler, der mir zu meiner angenehmen Ueberraschung mit einem Schlag 126 Pagoden dafür anbot, so daß ich ohne Unterbrechung meinen Bau fortsetzen konnte. Ich hoffe, daß Gott, der mir so huldreich die Mittel in die Hände legte, ein Bethaus zu bauen, dasselbe auch mit geistlichen Kindern, zum Preise Seines Namens erfüllen werde. — — Ich glaube mit freudiger Zuversicht, daß Gott noch einmal das wüste, verstörte und zerbrochene Land bauen wird, sollte Er es auch erst dann thun, wenn wir im Grabe modern; was schadet dies? Dieses Land ist mit Disteln und Dornen bedeckt, wir wollen es pflügen und den guten Samen säen und den Herrn bitten, daß Er ihn aufgehen lasse." — —

Die Sorge, sein Haus (das heißt das ihm zunächst

9. Das Bestellen des Hauses.

liegende Arbeitsfeld seiner Missionen) wohl zu bestellen, sollte den Vater Schwartz bald in den tiefsten Winkel des Haushaltes führen, dessen Unordnung und Unsauberkeit dringend nothwendig einer Abhülfe bedurfte. Auch dahin müssen wir den gewissenhaft treuen Mann begleiten. — Von seinem früheren nahen Verhältnisse zu dem Radscha zu Tanjore, so wie von dem Wechsel der Schicksale, welcher in den letztvorhergehenden Jahren diesen Fürsten betroffen, haben wir berichtet. Der Friede im Lande schien zwar für mehrere Jahre wieder hergestellt, noch war aber das Gebiet von Tanjore in einem kläglichen Zustande. Die Noth, welche auf die ungerechte Besitznahme der Provinz durch den Nabob eintrat, und die Verheerungen seines Reiches durch Hyder Ali hatten den Radscha in große Geldverlegenheit gebracht, so daß die letzten Jahre seiner Regierung zu dem Glanze, der seine Jugend umgab, einen grellen Gegensatz bildeten. An einer unheilbaren Krankheit dahin sterbend und vom Schmerze über den frühen Verlust seines Sohnes, seiner Tochter und seines Enkels — seiner einzigen gesetzmäßigen Erben — übernommen zog sich der unglückliche Tulbschadschi, allmählig taub geworden gegen jene Tröstungen des Evangeliums, welche Schwartz ihm so nahe legte, in hoffnungsloser Verzweiflung in die Kammern seines Palastes zurück, die er nie wieder verließ. Im Hinbrüten über seine öffentlichen Unfälle und persönlichen Kümmernisse schien sich hier sein mildes und wohlwollendes Wesen in Härte und Gleichgültigkeit gegen die Leiden seines Volkes umzuwandeln. Geiz wurde seine herrschende Leidenschaft, und das in seinem tiefverarmten Lande gesammelte Geld genügte seinen begehrlichen Anforderungen nicht in zureichender Weise. Zur Steigerung dieser inneren wie äußeren Noth trug auch der Tod des rechtschaffenen ersten Ministers des Radscha bei, und die Besetzung seiner erledigten Stelle durch einen Wütherich. Der Zustand des Volkes ward jetzt ein unerträglicher und da alle dem Fürsten gemachten Vorstellungen vergeblich waren, wanderten ganze Schaaren der Eingeborenen, deren Zahl auf 65000 geschätzt wird, in andere nachbarliche Distrikte aus. Vorzugsweise fanden diese Auswanderer in den Gebieten freundliche Aufnahme so wie Unterstützung, welche im Besitze der Franzosen, der Feinde Englands, waren. Die brittische Regierung in Madras konnte dieses Unwesen nicht gleichgültig ansehen; sie leitete eine Untersuchung des Zustandes und des Mißbrauches der herrschaftlichen Gewalt des Radscha von Tanjore ein und in den Kreis der Untersuchungsrichter wurde von dem neuen Statthalter in Madras: Sir Archibald Campbell der Missionär Schwartz mit Sitz und Stimme einberufen. Er durfte diesen Antrag zum Besten des Landes, über dessen inneres und äußeres Wohl er zum Wächter gesetzt war, nicht von sich weisen und es begann für ihn ein neues Geschäft seines Haushalteramtes, das in dem letzten Jahrzehent seines Lebens seine Kräfte wie seine Zeit vielfältig in Anspruch nahm.

Seine Hauptangelegenheit blieb hiebei immer die Sorge für seine Kirche und seine Gemeinde, welche jetzt schon über einen weiten Umkreis des südlichen Indiens verbreitet war. Im Jahre 1787 rief ihn die lutherisch-kirchliche Weihe seines jungen Freundes: Joh. Casp. Kohlhoff nach Tranquebar. An diesem Tage feierte der ehrwürdige Aelteste der dänischen Missionsbrüder: Joh. Balthasar Kohlhoff, dessen wir in den früheren Kapiteln mehrmals erwähnt haben, sein Amtsjubiläum und hatte zugleich die Freude, seinen ältesten Sohn zum Dienste ordinirt zu

9. Das Bestellen des Hauses.

sehen, dessen Pflichten er selber nicht mehr gewachsen war. Dieser jüngere Kohlhoff war als Schüler, dann als Gehülfe und öfterer Begleiter ein geistiger Sohn unseres Schwartz gewesen, dieser hielt deshalb mit einem tiefen väterlichen Gefühle der Liebe und des Ernstes die Ordinationspredigt über 2. Tim. 2, 1: „So sey nun stark, mein Sohn, durch die Gnade, die in Christo Jesu ist."

Während Schwartzens damaliger Abwesenheit in Tranquebar hatte der Radscha, dem Rathe seines Freundes folgend, ernstlich an die Erwählung eines Thronerben aus einem ächten Zweige seines alten Stammhauses gedacht. Seine Wahl war auf den zehnjährigen Sohn seines Vetters in gerader Linie gefallen, der nachmals unter dem Namen Serfudschi Radscha den Thron bestieg. Schwartz sollte nach dem Wunsche des todtkranken Radscha Vormund und väterlicher Pfleger des Erbprinzen werden; da jedoch der Missionär die Verantwortlichkeit und Schwierigkeit dieser Stellung wohl erkannte und deshalb ihre unbedingte Annahme verweigerte, übertrug der kranke Radscha seinem Halbbruder aus unrechtmäßiger Ehe: dem Amir Singh das Pflegamt seines Erben bis zur Volljährigkeit desselben. Der Radscha starb zwei Tage nachher, beruhigt, weil er die Versicherung des englischen Residenten, so wie des Befehlshabers der Garnison und des ihm bis zu seinem Ende theuer werthen Freundes seiner Seele: des Missionär Schwartz erhalten hatte, daß sie das Ihrige zur Erfüllung seines letzten Wunsches thun würden.

Allmählig ward dem Vater Schwartz die Freude zu Theil, daß seine Vorschläge zur Förderung einer geistigen Erweckung und Bildung des Volkes durch Errichtung von Volksschulen von der Regierung in Madras nicht nur anerkannt, sondern kräftig unterstützt wurden. Es kamen reiche Gaben an Geld und Land in seine Hände, welche zur Bezahlung der Schullehrer und Katechisten verwendet wurden, auch wurden Kapellen und Schulhäuser errichtet, welche von den Missionären häufig besucht wurden. Er berichtet über den Erfolg dieser Bemühungen unter Anderem: — „Was die Kasten betrifft, so bestehen unsere Gemeinden sowohl hier als in Tranquebar aus einer fast gleichen Zahl der höheren und niederen. Hier sitzen die Männer und Frauen der höheren Kaste auf einer Seite der Kirche, die der niederen auf der anderen. Ich habe allen unnöthigen Zwang sorgfältig vermieden und bin dadurch wenigeren Schwierigkeiten begegnet. Selbst beim Abendmahle trat etwa eine von niederer Kaste voraus hinzu, ohne Unannehmlichkeit zu verursachen. Kämen Sie an einem Sonntag in unsere Kirche, Sie würden sich über das reinliche Aussehen der niederen Kasten wundern; man kann sie leicht für höhere halten. Die abscheuliche Sitte, die man ihnen zum Vorwurfe macht, daß sie das Fleisch gefallener Thiere verzehrten, dulde ich nicht und sie ist auch in unseren Gemeinden ohne Beispiel. Die Landgeistlichen und Katechisten stammen, mit wenig Ausnahmen, aus der höheren Kaste. Doch gibt es unter ihnen Einzelne, selbst aus der Kaste der Parias. Als ich jüngst bei einem Helden von höherer Kaste eingeladen war und eben ein Pariar Katechist zu mir kam, rief ich ihm zu: „Halt, ich will zu dir kommen." Die Suttirer (Leute von der höheren Kaste) haben noch nicht gelernt demüthig zu seyn, sie sind stolze Sünder, wir müssen Geduld mit ihnen haben. Dies wollten aber jene nicht zugeben, sondern benahmen sich sehr freundlich gegen den Katechisten."

Amir Singh betrug sich gegen seinen Pflegesohn Sarfudschi so rücksichtslos, vernachlässigte die Erziehung

9. Das Bestellen des Hauses.

so wie selbst die äußere Pflege desselben in so unverantwortlicher Weise, daß mit Hülfe der englischen Regierung das Kind seinen Händen entrissen und in bessere Obhut gebracht werden mußte. Dem Amir Singh selbst wurde in seiner tyrannischen, dem Lande verderblichen Regierung Einhalt gethan und bis zur Volljährigkeit des Thronerben eine bessere Anordnung der öffentlichen Angelegenheiten und Rechtspflege getroffen. So blieb Schwarz für das Land, in welches Gott ihn gesetzt hatte, wie für seinen Beruf an den Seelen der Bewohner unermüdet, vom Morgen bis zum Abend, bei Tag wie bei Nacht durch Gebet, Predigt und väterliche Aufsicht thätig. In rührender Weise bezeugen dies die lebendigen Schilderungen, welche uns Freunde, die ihn besuchten und täglich sahen, von seiner Wirksamkeit in ihren Briefen gaben. Er selber aber schreibt an seinem siebenzigsten Geburtstage, im Oktober 1796, an einen Freund in Deutschland:

„Eben ezar! Bis hieher hat mir der Herr geholfen. Heute trat ich mein 71. Jahr an. O des Reichthums Seiner Gnade, Barmherzigkeit und Geduld, die ich seit 70 Jahren genossen habe! Preis, Ehre und Anbetung dem barmherzigen Gott Vater, Sohn und heiligen Geist für die unzähligen Beweise Seiner überschwänglichen Gnade. Wer bin ich armer, elender Sünder, daß Du mich bis hieher geführt hast? Gott verlasse mich im Alter nicht, sondern laß mich zur Aufmunterung Anderer erzählen, mit welcher Barmherzigkeit Du meiner geschont, mir vergeben und mich getröstet hast; und mögen sie bewogen werden, ihr Vertrauen auf Dich zu setzen."

„Noch bin ich im Stande, ohne große Anstrengung Junge und Alte zu unterrichten. Diese Arbeit ist mir so erquickend, daß ich Gott herzlich für Erhaltung der Gefundheit und Kraft danke, um Heiden und Christen den Namen Dessen zu verkünden, der Christum uns zum Heile gesandt und Ihn uns zur Weisheit und Gerechtigkeit, Heiligung und Erlösung gemacht hat. Rühme die Welt, so viel sie wolle; mein Ruhm ist der Herr, von dem allein meine Seligkeit kommt." — —

In einem anderen Briefe nach Deutschland spricht er sich über die damals schon eintretende Abweichung einiger der deutschen Kirchen von den Grundlehren des Evangeliums in nachstehenden Worten aus:

„Unsere Umstände sind etwas traurig; aber dem Herrn fehlt es ja nie an Mitteln. Er kann Arbeiter in Seinen Weinberg senden. — — Aber ach! der treuen Arbeiter sind wenige. Der gegenwärtige Zustand der Kirchen in Deutschland ist wahrhaft jämmerlich. Sie haben ein Evangelium erfunden, welchem Paulus und die anderen Apostel völlig fremd waren. Viele verwarfen die Lehre von der Versöhnung und den heiligenden Wirkungen des Geistes Gottes. — — Wie lange mich Gott noch an meinem Posten lassen will, ist Ihm allein bekannt. Meine Zeiten sind in Seiner Hand. Er hat mein unwürdiges Gebet erhört, daß ich in meinem hohen Alter nicht ganz unbrauchbar werden möge. Vor einigen Monaten glaubte ich am Rande der Ewigkeit zu stehen, da ich plötzlich mit einem peinlichen Drucke auf der Brust befallen wurde. Ich betrachte es als einen Ruf von dem Herrn, mich bereit zu halten. Er möge kommen, zu welcher Stunde er wolle." — —

10. Das Ende.

Nicht lange vor der Zeit, von welcher wir hier zu reden haben, schrieb ein treuer Mitbruder von Schwartz: „Ich fand ihn so gesund und kräftig, als er vor einigen

10. Das Ende.

Jahren war. Vier Stunden täglich bringt er in dem Unterrichte englischer und tamulischer Kinder so wie der Taufkandidaten zu, in anderen freien Stunden findet er auch Zeit zu den erbaulichsten und heitersten Gesprächen mit besuchenden Freunden. — — Seine ausgezeichnete Gabe, durch die Art und den Ton seiner Unterhaltung die Aufmerksamkeit selbst gemischter Gesellschaften zu fesseln, seine eigene Geschicklichkeit, Fehler mit einer so freundlichen und heiteren Miene zu rügen, daß selbst die Vornehmsten und Stolzesten nicht schroff abgestoßen werden, zusammen mit seinen anderen Ehrfurcht gebietenden Eigenschaften, machen ihn allgemein beliebt und geachtet; ja seine ganze äußere Erscheinung, seine Silberlocken, sein lichtstrahlendes Auge, alle Gesichtszüge sind geeignet, Hochachtung und Liebe einzuflößen." — Nach diesen und anderen ähnlichen Berichten hatten die Brüder in Tranquebar sich der Hoffnung hingegeben, der theure Patriarch ihrer Missionen werde ihnen noch länger erhalten werden. Da schrieb ihnen Gericke, der abermals seinen treuen, väterlichen Freund in Tanjore besucht hatte, am 2. Febr. 1798 die schmerzliche Kunde: Schwartz sey drei Monate gefährlich krank gewesen und werde nicht wieder predigen können, da ihm seine Krankheit nicht bloß den Körper, sondern auch das Gedächtniß sehr geschwächt habe. Und am 13. Febr. Nachmittags zwischen 4 und 5 war der theuere Vater schon zu seiner Ruhe eingegangen.

Die Schrift gibt uns die Ermahnung: „Gedenket eurer Lehrer, die euch das Wort Gottes gesagt haben, welcher Ende schauet an und folget ihrem Glauben." (Ebr. 13, 7.) Diesem folgend geben wir hier aus Gericke's Briefen die treue Schilderung des Endes unseres Vaters Schwartz. „Dieser große und edle Mann," so schreibt sein Freund, „hatte oft von seinem Ende mit mir

gesprochen. Wenn er von irgend einem besonderen Schick=
sale in seinem Leben sprach, pflegte er beizufügen: „und
so wird Gott mir auch am Ende Barmherzigkeit erweisen"
und wir dürfen Gott preisen für all' die Barmherzigkeit,
welche unser Vater während der letzten Tage seiner Wall=
fahrt hienieden erfuhr. Ich hatte ihn wegen eines Be=
suches in Tritschinopoli krank wie er war, vor Allem am
Gedächtniß leidend, auf etliche Tage verlassen müssen. Bei
meiner Rückkehr am 7. Februar fand ich ihn schmerzhaft
leidend an einem Fuße, der ihm schon früher manches,
bald kürzere, bald längere Wehethun gebracht hatte. Aber
sein Gedächtniß war fast ganz wiedergekehrt, und obgleich
sein Stöhnen, wenn er allein war, die Heftigkeit seines
leiblichen Leidens verrieth und die schwarzen Flecken am
Fuße den nahen Eintritt des Brandes verkündeten, unter=
hielt er sich dennoch oft mit den ihn besuchenden Christen
wie Heiden auf dieselbe freie, gefällige Weise wie je zuvor.
Er ermahnte jeden Europäer, der zu ihm kam, doch ja
das Heil seiner Seele in Acht zu nehmen. Er betete und
pries Gott mit solcher Leichtigkeit, als ob er ganz ohne
Schmerzen sey." — — „Mir gereichte es," so schreibt
Gericke in einem Briefe nach Deutschland, „zum großen
Segen, in unserem scheidenden Vater ein lebendes Beispiel
des Glaubens, der Geduld und Hoffnung zu sehen. Wenn
von geistlichen und himmlischen Dingen gesprochen wurde,
wenn er betete, ermahnte, tröstete oder von dem Frieden
seiner Seele sprach, den er durch die Gnade Gottes in
Christo genieße, da war keine Abnahme des Gedächtnisses
an ihm zu spüren. Er führte oft sehr passende Sprüche
und Lieberverse an und unterhielt sich beständig mit Denen,
die um ihn waren. Auf die Frage, ob er Hoffnung habe,
daß nach seinem Tode das Reich Gottes in diesem Lande

10. Das Ende.

durchbrechen' werde, erwiderte er: „Ja', aber nur durch Trübsal und Noth." Als ein anderes Mal gefragt wurde, ob er etwas wegen seiner Gemeinde zu sagen habe, antwortete er: „Helft ihnen nur in den Himmel." Als Einer mit Freuden seine Geduld und Zufriedenheit bemerkte, erwiderte er: „Menschliches Leiden ist gemein und ich leide wirklich sehr wenig" und oft wiederholte er auf Deutsch: „Der treue Gott hilft aus der Noth, und züchtiget mit Maaßen. Wie ginge es uns, wenn Er mit uns handelte nach unseren Sünden?"

Als der junge Thronerbe von Tanjore, Serfubschi, ihn besuchte, da sprach er zu ihm: „Wenn mich Gott von hinnen gerufen, so bitte ich Sie, hüten Sie sich vor der Liebe zur Pracht und Gepränge. Sie sind überzeugt, daß mein Bestreben, Ihnen zu dienen, ohne Eigennutz war; meine Bitte an Sie ist nun, daß Sie sich den Christen freundlich erzeigen möchten. Handeln diese schlecht, so bestrafen Sie dieselben, halten sie sich aber rechtschaffen, dann erweisen Sie sich ihnen als Vater und Beschützer. Da die Rechtspflege für das Gedeihen und Glück eines jeden Staates unumgänglich nothwendig ist, so bitte ich Sie, regelmäßige Gerichtshöfe einzurichten, und zu sorgen, daß unpartheiische Gerechtigkeit gehandhabt werde. Ich wünsche vom Herzen, Sie möchten dem Götzendienste entsagen und dem allein wahren Gott dienen. Er sey Ihnen gnädig und verleihe es Ihnen, zu thun, was Ihm gefällt." Darauf fragte er den Prinzen noch, ob er auch bisweilen in der Bibel lese? und schloß dann mit sehr rührenden Ermahnungen an ihn, daß er das Heil seiner unsterblichen Seele bedenken möge.

Gericke erzählt weiter: „Am 10. Februar des Morgens war seine Zunge ganz trocken, rauh und schwarz, dabei hatte er heftige Magenkrämpfe und schweren Athem. Wir beteten auf sein Verlangen mit ihm, in der Meinung, es werde das letzte Mal seyn, aber gegen Abend trat Besserung ein und das Fieber war bedeutend schwächer. Der Arzt sagte am andern Morgen: „Der Herr hat Wunder gethan, die gestrigen Anzeichen seiner nahen Auflösung sind heute verschwunden." Gericke wollte abreisen, Schwartz sagte zu ihm: „grüßen Sie alle Brüder und sagen Sie ihnen, sie sollen nur immer auf die Hauptsache sehen. Ich werde nun bald zum Herrn Jesu gehen. Daß Er mich angenommen, mir die Sünden vergeben, und nicht in's Gericht mit mir gegangen ist, sondern mit mir nach Seiner großen Gnade gehandelt hat, ist mein Glück, und ich preise Ihn dafür. Er könnte uns selbst um unserer guten Werke willen verstoßen, denn es klebt Sünde an allen." — — „Nachdem er mir noch besonders für meinen Besuch und die Leistungen deßelben gedankt hatte, setzte er hinzu: „Beten Sie nur noch dieses Mal." Ich kniete nieder, und Herr Kohlhoff, der unterdessen hereingekommen war, auch, und wir beteten nach einem vorangestimmten Liederverse."

Gericke gab den Bitten der Freunde nach, und blieb bei dem immer schwächer werdenden Kranken. Am Abend litt dieser mehr: jede Bewegung, ja selbst das Liegen machte ihm große Schmerzen. Aber seine Geduld und Zufriedenheit blieben sich gleich, keine Klage wurde vernommen, nur Seufzer zeugten von seinen Leiden. „Ich sagte unter Anderem: „Gott gebe, daß wir in unserem letzten Kampfe im Stande seyn mögen, unser Ende in solcher Ruhe und Vertrauen abzuwarten, wie es zu unserem Troste und unserer Freude Ihnen verliehen ist. Er sagte hinzu: „Gott gewähre es Euch überschwänglich." Die Innigkeit und der

10. Das Ende.

Nachdruck, womit er diesen Wunsch aussprach, rührte unsere Herzen tief."

Am 12. des Nachts hatte er zwischen den Schmerzanfällen etwas Schlaf, am darauffolgenden Morgen war er wie von Schlafsucht befallen. Wir dachten, er würde so hinüberschlummern, aber am 13. um Mittag ward er wieder munter. Wir sangen das Lied:

„Christus der ist mein Leben,
Sterben ist mein Gewinn"

und er stimmte mit ein, sprach sehr demüthig von sich, erhob aber seinen Erlöser und wünschte aufgelöst und bei Christo zu seyn. „Hätte es Ihm gefallen," sprach er, „mich noch zu erhalten, dann hätte ich gerne noch ein Wort mit den Armen und Kranken gesprochen, aber Sein Wille geschehe. Möge Er mich nur in Gnaden annehmen." Hierauf sangen die Nationalgehülfen den letzten Vers des Liedes: „O Haupt voll Blut und Wunden," und er sang mit. Dann ruhte er ein wenig. — — Noch einmal betete er: „O Herr! bis hieher hast Du mich bewahret; bis hieher hast Du mich gebracht und hast mir unzählige Wohlthaten erwiesen. Thue, was Dir wohlgefällt. In Deine Hände empfehle ich meinen Geist; reinige ihn und schmücke ihn mit der Gerechtigkeit meines Erlösers und nimm mich in die Arme Deiner Liebe und Barmherzigkeit auf."

In den Armen seines treuen Nationalgehülfen war er verschieden und lag scheinbar leblos da, mit geschlossenen Augen. Als aber Gericke das Lieblingslied des scheinbar Dahingeschiedenen anstimmte:

„Allein zu Dir Herr Jesu Christ
Meine Hoffnung steht auf Erden"

und nach Vollendung des ersten Verses desselben den

10. Das Ende.

zweiten anfing, siehe, da lebt zu seinem Erstaunen und Entzücken der ehrwürdige Missionär noch einmal auf, fällt mit klarer und melodischer Stimme ein und vollendet den Gesang des lang geliebten Liedes, noch ehe der letzte Athemzug ihn verläßt.

Rührend war das laute Weinen und Schluchzen in den beiden Dörfern der tamulischen Gemeinden an seinem Garten, welches man die ganze Nacht hörte. Diese Armen hatten an ihm mehr als einen gewöhnlichen Vater, sie hatten ihren Retter, ihren geistigen Pfleger und Berather, die Lust ihrer Augen und ihrer Herzen an Schwarz verloren. Wo gab es für sie ein solches Menschenherz voll sorgsam treuer Liebe, wie das von Schwarz war!

Doch auch an diesen Klagenden ist die Verheißung: „Ich will euch nicht Waisen lassen" in Erfüllung gegangen. Und bei Allen, die Christum lieb hatten, in der Nähe wie in der Ferne, mischte sich bei der Kunde von Schwarzens Heimgang mit dem Schmerze der Trauer ein erhebendes Mitgefühl mit dem Frieden und der seligen Freude, zu deren Vollgenuß dieser treue Knecht eingegangen war.

Für die Weihnachtszeit.

Verzeichniß von zu Festgeschenken für die Jugend wie für Erwachsene geeigneten Werken,

welche aus dem Verlage von Palm & Enke in Erlangen durch alle Buchhandlungen zu beziehen sind.

Dieses Verzeichniß enthält unter anderen wissenschaftlichen und belletristischen Werken, deren Werth durch die beigefügten Kritiken kompetenter Beurtheiler anerkannt ist, die in obigem Verlage erschienenen Schriften des allgemein verehrten Dr. G. H. von Schubert, worauf sich die Verlagshandlung besonders aufmerksam zu machen erlaubt. — Geneigten Aufträgen rechtzeitig und möglichst schleunig zu entsprechen, dürfte die Rücksendung des dem Schlusse dieses Verzeichnisses beigefügten Bestellblattes, worauf die gewünschten Werke gefälligst zu unterstreichen, und das mit dem Namen und Wohnort des resp. Bestellers zu versehen wäre, an die Buchhandlung, welche dieses Verzeichniß zur gefälligen Auswahl einsandte, am geeignetsten sein.

I. Für das kindliche Alter.

Schubert, Dr. G. H. von (Geheimerath), Mährchen und Erzählungen für das kindliche Alter, als Zugabe zu den kleinen Erzählungen für die Jugend. Neue vermehrte Auflage. gr. 16. (IV u. 175 Seiten.) geh. 12 Ngr. oder 36 kr. rhn.

„Eine Sammlung von Erzählungen aus dem Gebiete der Phantasie, der Geschichte und der Natur, in der bekannten gemüthvollen, anziehenden, heiteren und sanften Darstellungsweise des Verfassers, die dem Jugendalter so zusagend ist, gleich geeignet, die Intelligenz und das Gefühl zu entwickeln und Belehrung und Unterhaltung zu gewähren. Der Name des Erzählers genügt, um diesem Buche vor vielen anderen Kinderschriften den Vorzug zu sichern." (Illustr. Familienbuch IV. 5.)

Der Mägdlein Lustgarten. 2 Theile mit 14 Kupfern gr. 12. (XXIV u. 840 Seiten.) Gebunden. 1 Thlr. 24 Ngr. ob. 3 fl. rhn.

Es ist in diesem Lesebuch Alles aufgenommen, was ein junges, gesundes Mädchengemüth lebendig und sinnig ansprechen mag, und was dem übrigen Unterrichte beihelfen kann, das Herz des Mädchens zu veredeln, seinen Geist zu wecken, seinen Willen zu kräftigen.

II. Für die reifere Jugend.

Berger, E., die Bestimmung der Gartenpflanzen auf systematischem Wege, eine Anleitung, leicht und sicher die unterscheidenden Merkmale der vorzüglichsten in den Gärten, Gewächshäusern und Anlagen vorkommenden Gewächse zu finden, nebst Angabe von Autor, Dauer, Kultur und Vaterland im alphabetischen Register, für Botaniker, Gärtner und Gartenfreunde. Mit einem Vorwort des Herrn Präsidenten Nees von Esenbeck, und Bearbeitung der Farnpflanzen von Prof. Dr. Schnizlein. Lex.-8. (XII u. 682 Seiten.) geh. 4 Thlr. od. 6 fl. 40 kr. rhn.

Dieses Werk, dem in den angesehensten einschlägigen Journalen und von den kompetentesten Beurtheilern die beifälligste Anerkennung zu Theil geworden, beschreibt auf 682 Seiten des kompressesten, jedoch vollkommen übersichtlich eingerichteten Satzes die vorzüglichsten Zierpflanzen der deutschen Gärten, Anlagen und Gewächshäuser in zweckentsprechender Auswahl — das Register zählt nahe an 8000 Pflanzennamen — nach einer Methode, wodurch es Jedem möglich wird, den Namen der unbekannten Pflanze ohne Zeitaufwand, leicht und sicher aufzufinden. Es bildet sonach dieses Werk **ein wahres Hand- und Hülfsbuch für jeden Botaniker.**

In einer höchst anerkennenden Rezension in der „allgemeinen Schulzeitung" wird das Werk den *„Schulen, in denen Botanik nicht Nebensache ist, für Gärtner und Gartenfreunde, die sich nach einem ausführlicheren, gut geordneten Handbuche umsehen"*, sehr warm empfohlen. Die schöne Ausstattung des Werkes macht es zu einem passenden Festgeschenk für junge Botaniker besonders geeignet.

Ebersberg, Julius, das Feiertags=Buch. Ein Kranz von neuen Erzählungen, der reiferen Jugend Deutschlands und häuslichen Kreisen überhaupt zur Veredlung des Geistes und Kräftigung des Charakters herzlich gewidmet. Zweite Ausgabe. gr. 8. (IV u. 244 S.) geh. 16 Ngr. ob. 1 fl. rhn.

„Das Buch enthält zwölf lebensfrische Bilder: „Ein Mann Gottes", „Eine Geschichte von einem alten Lehrer", „Die bleierne Jungfrau", „Der Sklave", „Des Generals Kutscher", „Gefängnißrosen", „Der Eichenweiler", „Die Posaba von Zamora", „Die letzte Fee", „Eine Gouvernante wird gesucht", „Zwei Ruinen", „Meine Tante Rosalie."

„In allen diesen Bildern spricht sich eine so richtige Lebensanschauung, ein so tiefes Gemüth, ein so hoher Sinn für Religion, Jugend und Recht aus, daß wir dem geistreichen Verfasser den vollsten Beruf zum Jugendschriftsteller zuerkennen müssen und ihn lieben lernen, indem wir in seinen

Palm u. Enke in Erlangen.

herrlichen Geistes-Erzeugnissen das schöne Ebenbild seiner reichen Seele wieder finden. Lebhaft, spannend, voll Kraft und Ausdruck sind diese Erzählungen; sie sind nicht vom gewöhnlichen Schnitte unserer Alltagsnovellistik, sondern lehren, indem sie unterhalten."

„Selten ist in unseren Tagen die Erscheinung eines solchen Buches am Repertoir der deutschen Jugendschriftstellerei; darum möge auch unsere vorliegende Anpreisung desselben nicht als eine oberflächliche Huldigung einer gewöhnlichen literarischen Erscheinung betrachtet werden. Dieses Feiertagsbuch wird wahrhaft eine Zierde jeder christlichen Familienbibliothek sein. Diesen Familien empfehlen wir es auf's Wärmste und werden uns freuen, in ihrer Anerkennung unseren Ausspruch über den Werth dieser trefflichen Schrift bestätigt zu finden." (Oesterr. Bürgerblatt.)

Gleiche Anerkennung fand dieses Buch in der „Zeitschrift f. b. österreich. Gymnasien", dem „Münchener Jugendfreund", den „Berliner Nachrichten" u. a. m.

Schnizlein, Dr. A. (Professor), Analysen zu den natürlichen Ordnungen der Gewächse und deren sämmtlichen Familien in Europa. I. Phanerogamen in einem Atlas von 70 Tafeln mit 2500 Figuren. gr. Folio; die Erläuterungen in einem Textheft von 60 Seiten gr. 4. 4 Thlr. od. 7 fl. rhn.

Das Werk ist sowohl als Grundlage für den Unterricht als auch für eigenes Studium bestimmt und sind die Zeichnungen sämmtlich in großem Maaßstabe ausgeführt. „Der Herr Verfasser hat sich durch diese mit vielem Fleiß und Ausdauer unternommene Originalarbeit nicht nur eine gerechte Anerkennung für die Gegenwart, sondern auch für die Zukunft gesichert, was angehende Botaniker zu großem Danke verpflichtet, da er ihnen den Weg zu einer wissenschaftlich begründeten Phytologie gebahnt hat, demnach dasselbe bestens allen Freunden der Botanik empfohlen werden kann." (Zeitschr. f. Pharmazie.)

— — die Farnpflanzen der Gewächshäuser. Eine Anleitung zur systematischen Bestimmung der vorzüglichsten ausländischen Arten dieser Familie. (Besonderer Abdruck aus Berger's Gartenpflanzen.) Lex.-8. (38 S.) geh. 8 Ngr. od. 28 kr. rhn.

Diese schönen Zierden der Gewächshäuser sind in deutscher Sprache und in methodischer Anordnung behufs der leichteren Bestimmung noch in keinem Werke behandelt, weßhalb dieses Schriftchen höchst willkommen sein wird.

Schubert, Dr. G. H. von (Geheimerath). Meine Jugendgeschichte. gr. 8 (X u. 406 Seiten.) geh. 1 Thlr. 18 Ngr. ob. 2 fl. 18 kr. rhn.

„Der Erwerb aus einem vergangenen und die Erwartungen von einem zukünftigen Leben", unter welchem Titel dieses Werk auch als I. Band der „Selbstbiographie" (m. v. S. 6 dieses Verzeichnisses) ausgegeben wurde, dürfte namentlich der reiferen Jugend nicht nur als eine höchst anziehende, sondern hauptsächlich als eine belehrende, geistig anregende Lektüre auf das Wärmste zu empfehlen sein. Die angesehensten Journale empfehlen dieses Werk auf das Angelegentlichste.

— — Erzählungen. 4 Bände. gr. 8. (XLIII u. 1819 Seiten.) geh. 6 Thlr. 6 Ngr. oder 9 fl. 45 kr. Jeder Band ist auch einzeln zu haben und kostet der I., II. und IV. à 1 Thlr. 18 Ngr. ob. 2 fl. 30 kr. rhn., der III. 1 Thlr. 12 Ngr. ob. 2 fl. 15 kr. rhn.

„Diese Erzählungen schildern zum größeren Theile wirkliche Begebenheiten, deren Ausgang überraschend genug ist, um auch durch die neuere Unterhaltungslektüre verwöhnte Leser zu befriedigen. Am meisten dürften sich von ihnen jedoch solche Leser angezogen finden, welche die Schicksale der Menschen nicht vom blinden Zufalle abhängig machen, sondern gern in dem Gange derselben das Walten einer gütigen Vorsehung wahrnehmen. Sie sind wie geschaffen für das kindliche Gemüth, mag es alt oder jung an Jahren sein und führen uns durch einen feinen Humor über das Treiben und Trachten der gewöhnlichen Menschen hinaus in eine gemüthliche Ruhe und Erhabenheit der Gesinnung, die aber durchaus etwas profaisch Gesundes und Praktisches behält." (Berl. Lit. Blätter.)

Der IV. Band dieser Erzählungen wurde auch unter dem Titel:

Seebilder. Ein Buch zur Unterhaltung und Belehrung. gr. 8. (XVI u. 428 S.) geh. 1 Thlr. 18 Ngr. od. 2 fl. 30 kr. rhn.

ausgegeben und ist der Inhalt der neuen Auflage des III. Bandes auch in folgenden einzelnen Abdrücken erschienen:

Die alte Schuld. Eine Erzählung für die reifere Jugend und ihre Freunde. gr. 8. (142 S.) geh. 12 Ngr. od. 48 kr. rhn.

Die Schatzgräber. Eine Erzählung. gr. 8. (93 S.) geh. 8 Ngr. od. 32 kr. rhn.

Herr Stephan Mirbel. Eine Erzählung für die reifere Jugend und ihre Freunde. gr. 8. (124 S.) geh. 12 Ngr. od. 48 kr. rhn.

Die Zeichen des Lebens. Die beiden Inder. Zwei Erzählungen nebst einer Anzahl Kalenderhistörchen. gr. 8. (72 S.) geh. 8 Ngr. od. 24 kr. rhn.

Schubert, Dr. G. H. von, kleine Erzählungen für die Jugend. I. u. II. Bändchen. gr. 8. (X u. 505 Seiten.) geh. Das Bändchen 24 Ngr. od. 1 fl. 24 kr. rhn.

Der „Menschenfreund in seinen Beziehungen zur belebten Welt XII Nr. 3" spricht sich folgendermaßen über diese beliebte Jugendschrift aus:

„Dieses Buch enthält eine Reihe trefflicher Originalerzählungen, die für die Jugend vorzüglich geeignet sind. Der Knabe sowohl als wie das Mädchen werden diese schätzbaren Produkte des als Schriftsteller rühmlichst bekannten Verfassers nicht nur mit großem Interesse lesen, sondern es werden diese Erzählungen auch einen tiefen nachhaltigen Eindruck auf das jugendliche Gemüth hervorbringen, da in demselben die unausbleiblichen Folgen böser Thaten, sowie der Lohn edler Handlungen eindringlich geschildert werden. Eltern und Erziehern möge daher dieses Buch, das auch Erwachsene mit großem Interesse lesen werden, als ein höchst passendes Geschenk für die lern- und lauflustige Jugend empfohlen sein."

In vielen anderen pädagogischen, theologischen rc. Zeitschriften wird dem Werkchen gleiche Anerkennung zu Theil.

— — **Spiegel der Natur.** Ein Lesebuch zur Belehrung und Unterhaltung. **Zweite** neu überarbeitete und verbesserte Auflage. gr. 8. (XX u. 473 Seiten.) geh. 1 Thlr. 4 Ngr. od. 1 fl. 48 kr. rhn.

Das Buch ist in vielen Tausenden verbreitet und wurde in den angesehensten pädagogischen, theologischen und naturwissenschaftlichen Zeitschriften auf das Anerkennendste beurtheilt und empfohlen, und möge unter den vielen höchst belobenden Kritiken, welche alle anzuführen der Raum nicht gestattet, nur folgende aus der „allgemeinen deutschen Lehrerzeitung" hier einen Platz finden:

„Schubert's Spiegel ist das Werk eines hochgeachteten Gelehrten, der es versteht, die bedeutenden neueren Resultate der Forschungen auf dem Gebiete der Natur in edler populärer, gemeinverständlicher und der Wissenschaft würdiger Weise anziehend zu behandeln. Welchen Beifall das vorliegende Buch bereits in seiner ersten Auflage gefunden hat, bekunden mehrere verbreitete Lesestücke aus diesem Buche, die in sehr vielen höheren Schullesebüchern neuerer Zeit bevorzugte Aufnahme gefunden haben. Die gegenwärtige zweite Auflage ist von dem Herrn Verf. bedeutend verbessert worden, und hat durch wesentlich nothwendige Zusätze und Veränderungen bezüglich des Inhaltes in zeitgemäßer Weise schätzenswerthe Ergänzungen erhalten."

III. Für Erwachsene.

Goldkörner aus dem literarischen Nachlasse eines christlichen Naturforschers. Gesammelt von Dr. W. Büchner. 16. (IV u. 72 Seiten.) geh. 8 Ngr. oder 21 kr. rhn.

Religiöse Betrachtungen, naturwissenschaftliche Ansichten und allgemeine Maximen und Sentenzen des berühmten Naturforschers Humphry Davy enthaltend. Allen, welche sich für das Gebiet der höheren Wahrheit interessiren, verdient diese Anthologie auf das Wärmste empfohlen zu werden.

Greiner, Dr. G. F. Chr. (Medizinalrath), Biosoterion oder Heilslehre für das leibliche Leben des Menschen, wissenschaftlich dargestellt für gebildete Leser. gr. 8. (V u. 254 Seiten.) geh. 28 Ngr. ob. 1 fl. 36 kr. rhn.

Gersdorf's Repertorium der deutschen und ausländischen Literatur empfiehlt dieses Werk aus der Feder eines der achtbarsten Veteranen auf dem Gebiete der physiologisch-psychologischen Literatur mit folgenden Worten:

„Es wehet in vorliegender Schrift der Geist einer großartigen Naturanschauung, verbunden mit wahrer Religiosität. — Ganz besonders empfiehlt sich die Schrift durch die Innigkeit, mit welcher sie alle irdischen Verhältnisse in ihrer Beziehung zur Urquelle aller Ideen, zu Gott, auffaßt. Daher wünscht ihr Ref. recht viele Leser."

Schmid aus Schwarzenberg, Dr. X., philosophische Pädagogik im Umriß. gr. 8. (XII u. 352 S.) geh. 1 Thlr. 6 Ngr. ob. 2 fl. rhn.

Heindl's Repertorium der pädagog. Journalistik empfiehlt dieses Werk folgendermaßen:

„Wer das Buch, welches obigen Titel trägt, zu lesen anfängt, wird dasselbe nicht leicht aus der Hand legen, ohne es durchgelesen zu haben. Es ist höchst geistreich und anziehend geschrieben. Der Herr Verfasser weiß den Leser gleich bei der ersten Begegnung zu fassen, für sich einzunehmen und dauernd zu fesseln. Er führt uns gleich auf den Höhenpunkt, von dem aus wir den Gesichtskreis seiner Gedanken überschauen sollen und weiß uns dabei zugleich einen sehr angenehmen Totaleindruck zu verschaffen. Seine philosophisch und empirisch angewendeten Ansichten athmen überall Wahrheit, wie seine markige und edle Sprache durchweg große Anmuth zeigt. Wir wünschen fraglicher Schrift, welche Leben enthält und darum auch Leben erzeugen wird, eine weite Verbreitung."

Gleiche Anerkennung und warme Empfehlung fand das Werk in der „sächs. Schulzeitung", den „Hamburger lit. und krit. Blättern", „Gersdorf's Repertorium" u. a.

Schubert, Dr. G. H. von (Geheimerath), die Geschichte der Natur als dritte gänzlich umgearbeitete Auflage der allgemeinen Naturgeschichte. I. u. II. Band. (II. Band mit 8 Kupfertafeln.) gr. 8. (XXVII u. 1151 Seiten.) geh. 4 Thlr. 16 Ngr. ob. 7 fl. 40 kr. rhn.

Die nöthig gewordene 3. Auflage bekundet hinlänglich die Anerkennung, welche dem Werke zu Theil geworden. — Band I erschien auch unter dem Titel:

Das Weltgebäude, die Erde und die Zeiten des Menschen auf der Erde. gr. 8. (XVIII u. 761 Seiten.) geh. 2 Thlr. 24 Ngr. od. 4 fl. 48 kr. rhn.
Band II führt auch den Titel:
Abriß der Mineralogie. Mit 8 Kupfertafeln. gr. 8. (VIII u. 387 Seiten.) geh. 1 Thlr. 22 Ngr. od. 2 fl. 52 kr. rhn.
und ist nach einer sehr anerkennenden Beurtheilung in den „Heidelberger Jahrbüchern für Literatur" besonders zum Selbststudium geeignet.

Schubert, Dr. G. H. von, Reise nach dem südlichen Frankreich und durch die südlichen Küstengegenden von Piemont nach Italien. Zweite Auflage. Zwei Bände. gr. 8. (X u. 534 Seiten.) geh. 2 Thlr. oder 3 fl. 36 kr. rhn.

„Das Buch enthält viele geistreiche Bemerkungen über die südfranzösischen und italischen Alterthümer, über moderne Sitten und Einrichtungen, über die Staats- und Religionsverhältnisse der durchwanderten Länder, besonders anziehend aber und beachtenswerth sind die Naturschilderungen, welche mit jugendlichem Feuer und poetischer Kraft entworfen sind; es ist dies übrigens auch die starke Seite des genialen Schriftstellers. Die Darstellung ist belebt und fließend, übersprudelnd oft von fröhlicher Laune und Heiterkeit, wie man dies auch an dem „„Wanderbüchlein eines reisenden Gelehrten"" von demselben Verfasser zu rühmen hat." (Schlesische Zeitung.)

— — Wanderbüchlein eines reisenden Gelehrten nach Salzburg, Tyrol und der Lombardei. Dritte Auflage, mit der Reise über das Wormser Joch nach Venedig. gr. 8. (X u. 334 Seiten.) geh. 1 Thlr. 9 Ngr. od. 2 fl. rhn.

— — Reise in das Morgenland. Drei Bände. Neue Auflage. Mit einer Karte und dem Grundrisse von Jerusalem. gr. 8. (L u. 1707 Seiten.) geh. 7 Thlr. 21 Ngr. od. 12 fl. 21 kr. rhn.

Der Verfasser des eben genannten Buches hat schon bei anderer Gelegenheit seine Bereitwilligkeit gezeigt, das zu erzählen, was er auf seinen Wanderungen sah und erfuhr. Die Reise, von welcher er hier berichtet, war reicher an äußeren und inneren Erfahrungen denn jede seiner früheren, darum möge es nicht befremden, wenn er mit der Geschichte derselben drei Bände füllt. Er hat neben seiner Vorliebe für die Betrachtung der Geschichte der Natur seit Langem auch jene für die Betrachtung des Wesens und der Geschichte der Seele in sich getragen, darum möge man es ihm zu gute halten, wenn er seinen Lesern nicht selten auch von Dem erzählt, was bei den Beschäftigungen des Auges und der anderen äußeren Sinne zugleich die Seele erfuhr und empfand.

— — der Erwerb aus einem vergangenen und die Erwartungen von einem zukünftigen Leben. Eine Selbstbiographie. 3 Bände. gr. 8. (XLII u. 1673 Seiten) geh. 6 Thlr. 18 Ngr. od. 11 fl. 48 kr. rhn.

Die angesehensten Journale empfehlen dieses Werk auf das Angelegentlichste; so unter andern spricht sich das Rathusius'sche „Volksblatt f. Stadt u. Land" darüber folgendermaßen aus:

„Noch einmal, dem Ende der irdischen Laufbahn nahe und auf den gepilgerten Weg zurückblickend, tritt uns der Verfasser so wacker und so herrlich verjüngt entgegen, daß man im Lesen wahrlich meint, als ob das Buch an Innigkeit und Reichthum alle seine früheren Arbeiten übertrüfe. Von dem tiefen Kenner und feinen Beobachter menschlicher Seelenzustände war eine vortreffliche Selbstbiographie wohl zu erwarten; der anmuthige Erzähler

---
Palm u. Enke in Erlangen.

leiht ihr das Gewand; der fromme Christ, der in die Glaubens- und göttlichen Gnadenwege sich mit jedem Jahre, das ihm dem Schauen der Gnade näher führt, mehr vertieft hat, gibt ihr die höhere Weihe. Es ist eins der wenigen Bücher, bei welchem man jedermann, dem man begegnet, zurufen möchte: Hast du es schon gelesen? Lies es ja! Und wie eine Bereicherung des eigenen inneren Lebens eines Jeden, so wird es auch eine Bereicherung unserer deutschen Geistes- und Literatur-Geschichte eintragen."

Schubert, Dr. G. H. von, vermischte Schriften. Erster Band. Mit Nachträgen zu des Verfassers Selbstbiographie. Mit dem Bildnisse des Verfassers. gr. 8. (X u. 248 S.) geh. 1 Thlr. 6 Ngr. oder 2 fl. rhn.

Inhalt: Fragen und Antworten über das Diesseits und das Jenseits, in Briefen: Der geistige Wandertrieb. Wechsel von Licht und Schatten an Kranken- und Sterbebetten. Eine lehrreiche Schule am Siechbette Das Sterben ein Erwachen aus dem Traume des Lebens. Bestehen und Vergehen der Erinnerungen. Gedanken über das Sein nach dem Tode. Der Vorhof der Heiden und Israels Tempel: Das Pfingstwunder im Vorhofe Erinnerungen an Dr. Johann Friedrich von Roth, gewesenen Präsidenten des protestantischen Oberkonsistoriums und Staatsrath in München.

Das in dem Bande befindliche Bildniß des gefeierten Herrn Verfassers ist auch einzeln zu haben und kostet auf ord. Papier 16 Ngr. oder 48 kr., auf chin. Papier 20 Ngr. oder 1 fl. rhn.

Ungewitter, Dr. F. H., der Welttheil Australien. Neueste ausführliche Beschreibung desselben, unter genauer Bezugnahme auf die dortigen europäischen Ansiedlungs-, Handels- und protestantischen wie katholischen Missionsverhältnisse. Nach den zuverlässigsten Quellen bearbeitet. Mit einem Vorwort von Dr. G. H. von Schubert. Lex.-8. (VIII u. 515 Seiten.) geh. 2 Thlr. 16 Ngr. ob. 4 fl. 24 kr. rhn.

— — die Türkei in der Gegenwart, Zukunft und Vergangenheit, oder ausführliche geographisch-, ethnographisch-, statistisch-historische Darstellung des türkischen Reiches, nebst einer vollständigen und sorgfältig ausgeführten Topographie der europäischen und asiatischen Türkei. Lex.-8. (VI u. 320 Seiten.) geh. 1 Thlr. 10 Ngr. od. 2 fl. 20 kr. rhn.

Beide Werke fanden die beifälligste Aufnahme.

Wittstein, Dr. G. C., etymologisch-botanisches Handwörterbuch. Enthaltend: die genaue Ableitung und Erklärung der Namen sämmtlicher botanischen Gattungen, Untergattungen und ihrer Synonyme. Mit zahlreichen biographischen und literarischen Notizen versehen und zum Gebrauche für Botaniker, Pharmazeuten, Naturforscher, Aerzte, Garten- und Blumenfreunde und Freunde der Naturwissenschaften überhaupt bearbeitet. Zweite Ausgabe. Lexikon-Format. (VIII u. 952 Seiten) geh. 4 Thlr. 10 Ngr. oder 7 fl. 30 kr. rhn.

Dieses Wörterbuch, welches in botanischen, pharmazeutischen und anderen Journalen allgemeine Anerkennung gefunden hat, empfiehlt sich durch seine grosse Reichhaltigkeit — *es umfasst gegen 17000 Artikel* — und die Masse von *werthvollen biographischen* und *literarischen Notizen*, wodurch es Jeden in den Stand setzt, sich über diesen oder jenen botanischen Namen, so wie über die betreffenden Autoren und ihre Leistungen auf dem speziellen Gebiete augenblicklich zu orientiren.

Am Schlusse einer ausführlichen durchweg höchst anerkennenden Beurtheilung, in der die grosse Sorgfalt und Genauigkeit des Verf. besonders hervorgehoben und durch Beispiele belegt wird, in der

Flora od. allgem. botan. Zeitung N. R. XII. Jahrg. Nr. 7.

heisst es:

„*Wir schliessen unseren Bericht mit der Ueberzeugung, dass der Verfasser eine der schwierigsten und zeitraubendsten wissenschaftlichen Arbeiten auf eine ausgezeichnete Weise durchgeführt hat und wünschen daher dem Buche, dass es in keines Botanikers Bibliothek fehlen soll, eine recht weite Verbreitung. — Die äussere Ausstattung des Werkes ist ebenfalls vortrefflich.*"

Unterzeichneter bestellt hiermit bei der Buchhandlung von

zu   nachstehende unterstrichene

Werke aus dem Verlage von **Palm & Enke in Erlangen**:

Berger, Gartenpflanzen.
Ebersberg, Feiertagsbuch.
Goldkörner aus dem liter. Nachlaß eines christl. Naturforschers.
Greiner, Biosoterion.
Lustgarten der Mägdlein, 2 Bde. geb.
Schmid aus Schwarzenberg, Pädagogik.
Schnizlein, Analysen der Gewächse I.
— Farnpflanzen.
Schubert, v., Erwerb aus e. vergang. Leben 3 Bände.
— Vermischte Schriften I.
— Erzählungen, 4 Bde.
— — — gebunden.
— Daraus einzeln:
— Seebilder.
— — gebunden.
— Die alte Schuld.
— Die Schatzgräber.
— Herr Stephan Mirbel.
— Die Zeichen des Lebens.
— Kleine Erzählungen f. d. Jugend, 2 Bdchen.
— — — — gebunden.
— Geschichte der Natur I. u. II. Bd.
— Jugendgeschichte.
— Mährchen und Erzählungen.
— Mineralogie.
— Portrait ord. Papier.
— — chin.
— Reise nach Frankreich und Italien, 2 Bde.
— — in's Morgenland, 3 Bde.
— — — — gebunden.
— Spiegel der Natur.
— — — gebunden.
— Wanderbüchlein.
— — gebunden.
— Weltgebäude.
Ungewitter, Australien.
— Türkei.
Wittstein, botanisches Handwörterbuch.

Ort und Datum: Name:

. . . .

Bemerkung. Von mehreren dieser Werke sind, wie oben erwähnt, auch elegant gebundene Exemplare zu erhalten, bei denen nur eine geringe Preiserhöhung für den Einband (pro Band 3½ bis 4½ Ngr.) stattfindet.

Druck von Junge & Sohn in Erlangen.

www.ingramcontent.com/pod-product-compliance
Lightning Source LLC
Chambersburg PA
CBHW021948160426
43195CB00011B/1278